TEACCHプログラムに基づく

自閉症児・者のための
自立課題アイデア集

[監修]諏訪利明
[著]林 大輔

身近な
材料を
活かす **95**例

中央法規

監修のことば

　本書は、自閉症の人たちに「自立課題」を提供する時にヒントになる、さまざまなアイデアに満ちた本である。現場の中で、実際の支援の中で組み立てられてきた自立課題たちが、ちょっとすました顔をして、きれいにまとめられている。そして、ページを繰るごとに、思わず「くすっ」と笑ってしまうのは、その課題に取り組んでいる自閉症の人たち、一人ひとりの顔が浮かぶからであり、その人たちの興味関心があちこちに散りばめられているのが感じられるからであろう。

　課題を作る時、「個別化」は重要な概念だ。「この通り作ればうまくいく」というものではないだろう。本書のねらいはそこではない。むしろ、丁寧に支援を続けてきた実践家の作品として、自立課題を、一人ひとりにぴったりと合ったものに作り替えていくプロセスの醍醐味、一つひとつのピースがはまるように、その人オリジナルの支援の形が見えてくる、その面白さを感じることが、本書のねらいであろうと思われる。

　「自立課題」という視点から、本人の支援を見直していくときに、本書はいろいろなきっかけになるのではないだろうか。本書を参考にして、自閉症の支援において、本人を中心において試行錯誤を続けてくれる実践家が今よりもっと増えてくれたらおもしろい。そして、自閉症の人たちが、今よりさらにさまざまな可能性を探ることができるのであれば、それほど嬉しいことはない、と思う。

川崎医療福祉大学

准教授　諏訪利明

はじめに

　私は、成人の自閉症の人が通う施設に長年勤めております。日中活動を提供し、充実した毎日を送れるよう日々支援をしております。

　施設職員として研鑽を積み重ねる中で、TEACCHプログラムに出会いました。文献を読みあさり、真似をすることから始めました。しかし、自閉症の人はそれぞれ違う特性をもっているので、今振り返ると効果のない支援もたくさん行っていました。

　そんな中、TEACCHプログラム研究会主催のトレーニングセミナーに参加する機会を得ました。このセミナーは、実際に自閉症児・者に来てもらい、その人の特性を把握してプログラムを考えるなど実践的なもので、その中に「自立課題の設定」の時間がありました。文献では自立課題を知っており作ってもいましたが、実際に現場でどう活かすのかわからず、ただ作るだけの状態でした。当該セミナーで、私は初めてオーダーメードで自立課題を作り、それをスケジュールに入れ、活動場所を設定して、どう取り組むのかを一体的に学ぶことができたのです。その人の特性に合わせ、好きなものも取り入れた自立課題に取り組んでいただくことで、ご本人のいきいきとした姿を目の当たりにすることができました。

　それ以来、私は自分の職場で日々自立課題を作り続けています。今では200個以上の課題があり、さらに増え続けています。各利用者に個別的に作り、バリエーションも増えていくため、自然と増えたのです。本人の興味関心に合うものを作る観点で、本書では権利の関係で掲載できませんが、実際はキャラクターを使用した自立課題も多くあります。

　自立課題を日課に入れた支援を提案・発信する中、本書を出版する機会に恵まれました。初めて自立課題という名前を聞く支援者、何から手をつけたらよいのかわからず困っている支援者、どう活用するのか悩んでいる支援者が本書を手にとり、支援の現場で活用していただけるものと思っています。

　本書の企画・制作にあたり、監修していただいた諏訪利明先生、中央法規出版の平林敦史さん、編集工房まるの西村舞由子さんにご尽力いただきました。みなさまのご配慮のおかげでこの本ができあがりました。厚く感謝いたします。

たくと大府

施設長　林　大輔

目次

[第1章]
自立課題の種類と選び方 —— 7

1. TEACCHプログラムと自立課題 —— 8
2. 合理的配慮による自閉症の人の自立 —— 9
3. 自立課題の有効性 —— 11
4. 特性や興味関心を活かした自立課題 —— 14

5. 自閉症の特性を捉えるには —— 15
6. 自立課題のカテゴリー —— 18
7. 自立課題を構成する視覚的構造化 —— 20
8. 自立課題の製作に向けて —— 22

コラム　自立課題製作にあると便利なもの —— 24

[第2章]
自立課題のアイデア95 —— 25

1. 身体を動かす（粗大運動・微細運動）

1-1　基本のペグ挿し —— 26
1-2　ひもの穴通し —— 28
1-3　背伸びでボール入れ —— 30
1-4　ボトルキャップすべり台 —— 31
1-5　お部屋で虫採り —— 32
1-6　ボビンをスライド —— 33
1-7　小さな輪っかかけ —— 34
1-8　ヘアブラシのストロー挿し —— 35
1-9　カラー輪ゴムかけ —— 36
1-10　段違いストロー挿し —— 37

2. 物を分ける（分類・マッチング）

2-1　いろいろ「緑」の分類 —— 38
2-2　向き合わせ型はめ —— 40
2-3　消しゴム型はめ —— 42
2-4　横や裏までマッチング —— 43
2-5　○△□分類〜ファイリングタスク版〜 —— 44
2-6　○△□分類〜紙粘土版〜 —— 45
2-7　長さでマッチング —— 46
2-8　柔らかカップ重ね置き —— 47
2-9　模様を合わせてアルバム作り —— 48
2-10　タイルの色分け —— 49

2-11	これは何色?～スタンドプレート版～ ── 50

2-11 これは何色?～スタンドプレート版～ ── 50
2-12 この職員はだれ? ── 51
2-13 名札の色分類 ── 52
2-14 カード型はめ ── 53
2-15 模様でマッチング ── 54
2-16 ぴったりジョイントマット ── 55
2-17 この人のカギはどれ? ── 56
2-18 色マグネットのマッチング ── 57
2-19 スポーツのマッチング ── 58
2-20 動物シンボルのマッチング ── 59

3. 物を入れる（プットイン）

3-1 ピンポン玉をプットイン ── 60
3-2 モールをストローにプットイン ── 62
3-3 ストローをフックにプットイン ── 64
3-4 小さなグラスにプットイン ── 65
3-5 異なる角度でプットイン ── 66
3-6 木枠を選んでプットイン ── 67
3-7 綿棒のプットイン～プラダン版～ ── 68
3-8 綿棒のプットイン～糸巻き版～ ── 69
3-9 製氷皿にプットイン ── 70
3-10 フックに横棒をプットイン ── 71
3-11 ホースの棒通しプットイン ── 72
3-12 ホースの針金通しプットイン ── 73
3-13 小さなチップのプットイン ── 74
3-14 プットインでお花畑 ── 75

4. 組み立てる・物を包む

4-1 えんぴつキャップをパッケージ ── 76
4-2 ダブルクリップ囲い止め ── 77
4-3 人形まとめて袋詰め ── 78
4-4 靴下かぶせ ── 79
4-5 ボルトにナットはめ ── 80
4-6 マグネットでカード留め ── 81
4-7 ケースに小さく収納 ── 82
4-8 バックルたくさん連結 ── 83
4-9 消しゴムをパッケージ ── 84
4-10 ジョイントマットをマッチング ── 85

5. 暮らしに役立てる

5-1 靴下干し ── 86
5-2 メニューの値段の支払い ── 88
5-3 つめたい? あつい? ── 90
5-4 メニューカードの分類 ── 91
5-5 切手の貼り付け ── 92
5-6 野菜の買い物 ── 93
5-7 引き出しに収納 ── 94
5-8 ペアリングでホック留め ── 95
5-9 手紙をポストイン ── 96
5-10 バネの引き伸ばし ── 97
5-11 ボタン留め ── 98
5-12 洗濯物干し ── 99
5-13 ファスナー閉じ ── 100
5-14 パチパチスナップボタン留め ── 101

6. 楽しく遊ぶ

6-1	△パズル	102
6-2	同じ模様は何個?	104
6-3	小さな「目」でサイコロ分別	106
6-4	動物福笑い	107
6-5	パチパチスイッチ押し	108
6-6	色積み木を高く積もう	109
6-7	バラバラの絵をマッチング	110
6-8	トランプをパッケージ	111
6-9	見本通りにキャップ挿し	112
6-10	職員顔分類	113

7. 学習に役立てる

7-1	100までパズル	114
7-2	アナログ時計マスター〜ファイリングタスク版〜	116
7-3	アナログ時計マスター〜卓上スタンド版〜	118
7-4	小さい・中くらい・大きい	119
7-5	文字の組み立てパズル	120
7-6	決まった数の磁石乗せ	121
7-7	どちらが重い?	122
7-8	どの国の国旗?	123
7-9	地図と国旗をマッチング	124
7-10	数字でグラフ作り	125
7-11	乗り物大分類	126
7-12	デジタル数字作り	127
7-13	身体の名前クイズ	128
7-14	これは何色?〜カード版〜	129
7-15	マークはいくつ?	130
7-16	ひらがな虫くいクイズ	131
7-17	頭文字のアルファベットは?	132

[第3章]
自立課題を日課に組み入れる ——— 133

1. 構造化された環境を設定する — 134	4. 自立課題の評価と再構造化 — 144
2.「構造化された環境」セットアップ例 — 139	5. 受託作業を自立課題にアレンジ — 146
3. 活動場所と相性の問題、 支援体制の工夫 — 143	

用語索引 ——— 148   第2章 自立課題のねらい別索引 ——— 149

第 **1** 章

自立課題の
種類と選び方

第1章　自立課題の種類と選び方

1. TEACCHプログラムと自立課題

●自立課題って何だろう？

　皆さんは自立課題という言葉をご存じでしょうか。初めて聞く人は、「大人になるための訓練？」「自立のトレーニング？」というイメージが浮かぶかもしれません。自立課題の研修でも参加者から勘違いされることがあります。「自立課題」とは、後述するTEACCHプログラム（米国発）の「independent task」という英語を日本語に訳したものです。主に自閉症の人を対象にした、机上で行うことを中心とした教材で、「構造化」という手法を用いて、始めから終わりまで自分一人で取り組むことができるよう設定された活動を指します。本人に適した自立課題を提供すれば、その時間を日課の柱とすることができます。

●TEACCHプログラムにおける自立課題

　自立課題は、TEACCHプログラム（以下、TEACCH）において、多く実践されています。TEACCHは、1960年代中ごろ、エリック・ショプラー教授らが「自閉症は脳の器質的な特異性が成因である」として、独自の理念[※1]に基づき、米国のノースカロライナ州立大学を中心に、州内の自閉症の人とその家族や支援者、関係者などを対象に提供した包括的なプログラムです。TEACCHは今や世界中で評価を受け、日本でも1980年代頃より広まって現在に至ります。TEACCHを紹介する書籍も数多く出版されており、全国各地でそのアイデアを活かした実践が報告されています。

　TEACCHでは、本書で紹介するような自立課題が多用されますが、単に数多く提供すればいいのではなく、支援者が必ず本人のアセスメントを行い、それをふまえてオーダーメードで作成して提供します。そのため、自立課題に全く予備知識がなかったり、研修を受けていない支援者は、どのように作ればよいか途方に暮れることもあります。

　本書ではその第一歩を踏み出すヒントを、筆者の製作した自立課題などTEACCHのアイデアを活かした実践をふまえて紹介します。

※1　TEACCHの9つの理念
1. 理論ではなく観察から自閉症の特性を理解する
2. 保護者と専門家の協力
3. 治癒ではなく自分らしく地域の中で生きていけることがゴール
4. 正確なアセスメント
5. 構造化された指導法の利用
6. 認知理論と行動理論の重視
7. スキルを伸ばすと同時に弱点を受け入れる
8. ホーリスティック（全体的）な見方を重視
9. 生涯にわたるコミュニティに基礎を置いたサービス

2. 合理的配慮による自閉症の人の自立

●自閉症をもつ人々の生きづらさ

自閉症や行動障害のある人にとって、毎日の暮らしはとてもわかりにくいもの。見通しのない怖さの中で日々生活を送っています。

社会の仕組みや人との関係性がわからずに苦しんだり、かみ合わなかったり。自分で見通しをもって動いたり、自分で何かを始め、終えることが不得意な人もいます。そのために、小さな頃から家族や先生、周りの支援者の指示を受けたり、アドバイスを受けながら生活しています。

支援者の期待に応えようと自閉症の人も一生懸命なのですが、言葉で指示されたことや言われたことを理解したり自ら発信することが苦手なので、コミュニケーションがうまくとれません。毎日が「わからない」「伝わらない」の連続です。上手に意思が伝えられないので、自分のやりたいことを自由にさせてもらえないことがあります。周りからの指示や要求が理解しにくいため、自分なりに解釈をして動くのですが、周囲には突発的な動きに見え、結局止められて注意されるという結果に陥りがちです。それらが毎日繰り返されると、周囲の人や環境に対する嫌悪感が積み重なり、人を避けながら過ごそうとする人もいます。

さらに、自閉症特有のこだわりや変化が苦手な傾向があるため、集団活動による療育やプログラムにうまく参加できないこともあります。支援者や家族から見れば、「作業の時間なのに作業しない」「散歩の時間なのに動かない」「授業中なのに走りまわる」といった場に合わない行動となって表れ、周りから「わがままな人」と思われてしまうこともあります。

●「合理的配慮」の実践ってどうするの？

これらの行動やすれ違いの多くは自閉症の特性から生じるものです。自閉症の人を周りの人に合わせようと無理に支援をしてもうまくいきません。ましてや、「なんでできないの！」「みんなやってるでしょ！」と叱るのは、彼らの特性を理解していない対応といえます。

では、どんな日課やプログラムを提供すれば自閉症の人々も私たちとともに穏やかな毎日を送り、本人や周りの家族、支援者にとってもストレスのない暮らしが実現するのでしょう。それは、一言でいうと「合理的配慮のある支援を提供する」ということにつきます。

障害者差別解消法（2016年4月施行）に「合理的配慮※2」という言

※2　合理的配慮
障害者差別解消法では、合理的配慮への取り組みを推進するため、国及び地方公共団体には義務、民間事業者には努力義務としています。

葉が明記されています。これは、障がいをもつ人への不当な差別を禁止することはもちろん、社会の中にあるバリアを取り除くために何らかの対応をすることも含まれています。内閣府も具体例として、意思を伝え合うための対応として、絵・写真・タブレット等を使うなどの配慮もありえると示しています。

では、自閉症支援の現場において、合理的配慮を意識した支援とは何でしょうか？　TEACCHの考え方や、その考え方に基づいた実践から、以下の3点をおさえておくことが不可欠であると考えられます。

1. 支援内容・日課・プログラム・方法・手段

・支援内容や日課・プログラム[※3]は適切か？　個別のニーズに合わせた内容が検討されているか？

・本人の力を客観的に評価（アセスメント）し、過剰・過小な動きを求めていないか？

・日課・プログラムの実施には、個別化された方法や手段（構造化など）を使って進行しているか？

・個人を日課に適応させるのではなく、日課を個人に合わせて変化させる視点になっているか？

2. 支援体制

・職員は支援のプロフェッショナルといえる専門性を有しているか？

・必要なスキルをもつ人材を短期間で育成する人材育成プログラム[※4]をもっているか？

・ジェネラリストモデル[※5]の視点でチームアプローチができているか？

・必要な時に、必要な人に、必要な量の支援を提供しているか？

3. 施設内の環境整備（第3章参照）

・個別化された環境整備（構造化等）がされているか？

・利用者同士の相性を配慮した動線の設定[※6]、活動や構造になっているか？

・活動室で活動することにとらわれず、施設設備全体を見渡して、活用できる場所や設備を利用できているか？

以上の合理的配慮された支援は、自立課題による支援の柱ともなります。

●共通する支援の枠組みを踏まえて

厚生労働省が指定する強度行動障害[※7]支援者養成研修では「共通する支援の枠組み」として次の6つの支援のポイントが簡潔に示されています[1]。

① 構造化された環境の中で

② 医療と連携をしながら

※3 日課・プログラム
教育現場では授業、福祉現場では日課・プログラム・スケジュールなどの呼び方があります。本書ではこれらを総じて「日課・プログラム」と表現します。

※4 人材育成プログラム
近年は福祉事業所も増え、民間事業者の参入も当たり前になりました。事業所が増えるほど、支援者も増えるわけですが、多くの事業所では人材育成が追いついていません。講習会や他の事業所などでの実地研修に職員を参加させたくても、現場の状況からその人員が出せません。各事業所にリーダーとして核になる人材を育成し、そのリーダーの下でOJTによる指導を続けることが、人材育成の近道ともいえるでしょう。

※5 ジェネラリストモデル
TEACCHの理念の中に、「ホーリスティック（全体的）な見方を重視する」というものがあります。スタッフは医療や心理、福祉など従来の専門分野を大切にしつつ、本人の全体像を理解してかかわることのできるようにすること、すなわち「スペシャリスト」ではなく「ジェネラリスト（広範囲な知識・技術・経験をもつ人）」であることが求められています。

※6 動線の設定
自閉症の人は、活動する上で決まったルートや動きをパターンにすることが得意です。一度身に付けた動きは繰り返す傾向があるので、予想することができます。どのルートを通るか、どの扉を開けるかなどを最初に決めておくことで利用者同士の衝突を避けることができます。第3章「3.活動場所と相性の問題、支援体制の工夫」参照。

※7　強度行動障害
自分や他人を叩いてしまった
り（自傷・他害）、ものを壊
してしまったり（器物破損）、
異食や飛び出し、激しいこ
だわりなど、行動上の特性
が著しく高い頻度で出現し
ている状態にある人を指しま
す。個別化された配慮のあ
る支援を求める人々です。自
立課題を上手に活用するこ
とで、落ち着いた時間を作
ることも可能です。

③　リラックスできる強い刺激を避けた環境で

④　一貫した対応のできるチームを作り

⑤　自尊心をもち一人でできる活動を増やし

⑥　地域で継続的に生活できる体制づくりを進める

　これらの6つの原則、特に①の構造化された環境の構築は、今や支援者が標準装備すべき視点といえます。

　自立課題は、特に①⑤と深い関係があります。⑤は自立課題だけを指すものではありませんが、この支援のポイントに合致する方法論といえます。自閉症の人は、実は高い自尊心をもっていますが、支援を受けることでそれが傷つけられることもあるのです。自分で取り組み、達成することで彼らの自尊心は守られます。この点は私たちと全く同じです。「支援」とはいえ、本人自身がやり遂げること、誉められることが大切だと支援者自身が意識することが、彼らの自尊心を守ることになります。自立課題は、それをかなえる有効なツールです。

　強度行動障害支援者養成研修の基礎研修課程で「自立課題を作る」グループワークが行われることも多くなってきました。自立課題を製作・導入することは、実際に多くの支援の現場で求められているといえます。

3. 自立課題の有効性

　自立課題の有効性を整理すると以下の通りになります。

1. 自立を育てる[8]

※8　自立を育てる
一般的には使わない言い回
しですが、TEACCHでは「自
立を育てる」と表現されます。

　先にも説明した通り、自閉症の人は、障がいの程度が重くなるほど家庭・学校・施設などで家族や支援者に側で見守られることが多くなり、自分一人で何かを成し遂げる、達成するという経験が少ない傾向があります。しかし、自閉症の人にも自己効力感や達成感を得たいと思う気持ちは強くあるのです。

　自閉症の人は社会性の障がいから、「始まり」と「終わり」を自分でコントロールしにくい場合があります。しかし、物事には必ず始まりがあって終わりがあるものです。そのため、自立課題にも必ず、明確な「始まり」と「終わり」を作ります。自立課題という小さな構造体から、こうした社会性を学んでいくことができます。また、「終わり」を学ぶことは、次の活動への移行のタイミングを学ぶきっかけにもなります。

　支援者と関わらない時間も大切です。常に誰かに見守られている状態で

は息がつまるものです（しかもそれを適切に訴えることができません）。誰かに何か言われる怖さや緊張を感じずに、自分のペースで物事に取り組む時間を作り出すことは、とても大切なことなのです。

2. 認知、言語理解など学習の基礎スキルを育てる

　自立課題の種類が少なく、毎日同じことばかり繰り返していては、本人も飽きてしまい、やる気もなくなってしまいます。支援者が、本人のできる範囲を見極め、認知や言語理解など学習要素のある自立課題を用意することで毎日のバリエーションを増やすことができます。自立課題製作に取り組み、評価を重ねながら、次の目標はどうするか、次はどんな自立課題を作るかと考え、支援者自身もステップアップしていくのです。

　また、自閉症の人には、想像力の障がいから同じ物にこだわったり、一方で興味関心がごくわずかしかないという人もいます。毎日同じ物にこだわって安心を得ているのかもしれません。でもそれだけでは生活の幅は広がりません。新たな事象・素材への関心・接近・経験があってこそ、暮らしに彩りが生まれ、世界が広がる可能性が開かれるのです。普段は無関心で近づかない物、触ったことがない物なども積極的に自立課題に取り入れ、触れてもらう機会にしましょう。

3．感覚への働きかけ

　自閉症の人は、感覚の障がいにより特定の刺激に過敏、もしくは鈍感だったりします[9]。その刺激を避けることもありますが、求めることもあります。その人が好意的に捉えている感覚刺激であれば、自立課題にも活かすことができます。例えば、大好きな色があり、その色を視覚刺激として眺めているとおだやかになるという人がいれば、その色を自立課題に積極的に取り入れます。物が金属の上に落ちて「ポン」と鳴る音が好きな人がいれば、缶の中に物を落として音が出るような自立課題を作る、というようなことです。

4．余暇活動への応用

　障がい福祉分野では近年、余暇の時間の重要性に着目し、それを充実させるような動きがあります。しかし一方で、自閉症の人は「余暇の時間・休憩時間に問題が起こる」という話もよく聞かれます。余暇や休憩は、私たちにとっては自由でリラックスできる開放的な時間ですが、自閉症の人にとっては必ずしもそうではないようです。「好きなこと」はあっても、余暇

※9　感覚刺激の偏り
私たちは、嫌な感覚であれば避けようとしたり、触れないように自分で工夫することができますが、自閉症の人は自分で刺激をコントロールできないことがあります。好きな刺激や嫌いな刺激が入りすぎることもあるので、環境に配慮してコントロールする支援が必要となります。

や休憩の過ごし方を自分で組み立てて始めることが苦手なので、好きなことを上手に楽しむことができません。

また、私たちがゴロゴロしたりのんびり過ごす「何もしない時間」というのも、自閉症の人は苦手です。何をしたらいいのか自分でプランが立てられず、こだわりにふけってしまったり、やることがわからず突発的な行動で周囲を困らせるような結果になりがちなのです。そうした自閉症の人には、余暇の時間や自由時間も構造化する必要があります。

さらに、家族が「余暇は音楽を聞いています」「DVDを見ています」と話し、一見余暇を過ごせているように見えても、よく聞くと大人でも童謡を聞いていたり、家族の好きなアーティストの曲や映画のDVDを視聴しているだけだったりします。もちろんそれらの作品を本人も好きならいいのですが、単にルーティーン[10]でやっているだけの可能性もあります。実は本人が他の余暇メニューを取り入れたくても、自閉症の人は自分から実行することが苦手なのです。

自立課題は、こうした余暇の時間を設定したり、作り出したり、幅を広げたりすることができます。まずは自閉症の人が好むことの一つである「慣れ親しんでいるもの[11]」を取り入れてみましょう。例えば、動物が好きであれば、動物の写真やイラストを使って楽しめる自立課題を作って提供します。おもちゃのような、遊び感覚でできる課題でもいいのです。その人が楽しめるものをどんどん自立課題に入れて、余暇の時間に導入してみてください。うまくいけば、今までの問題が嘘のように、楽しく過ごせる可能性もあります。

5. 職業スキルへの応用

自立課題は、職業スキルの向上にも応用することができます。実際の仕事の現場では、細かな動作を一定の時間集中して行うことを求められる業種も少なくありませんが、それを普段の日課ではなかなか練習することができません。柔軟な視点で製作された、各自の職業に適した課題を提供することで般化[12]でき、実践的な練習をすることができます。

できるようになったら難易度を変えてみたり、持続力・集中力の目標を徐々に上げていくなど、本人の現状のレベルをアセスメントするツールとしても使用可能です。さらに、完成度への意識や、完成の報告、困ったときの助けの求め方、製品の取り扱い方なども、自立課題を通して学ぶことが可能です。

就労する、または就労系施設に入所すると、一対一活動[13]など困ったときにすぐに支援が受けられる環境はあまり設定されません。基本的

※10 ルーティーン
「繰り返しの動作」をルーティーンといいます。自閉症をもつ人は、特に繰り返しの動作に強く、一度覚えると次からも同じやり方や順序を守る傾向があります。この特性を捉えて、何かを学習する時にプラスに活用することができます。

※11 慣れ親しんでいるものを好む
TEACCHでは「自閉症の人が好むこと」という表現をしています。アニメやテレビを見る人も多いので、個人で楽しむ時は、キャラクターのイラストや写真を使った自立課題を余暇の時間に取り入れても楽しんでもらえるでしょう。

※12 般化
心理学用語で、一定の条件反射が形成されると、それに類する刺激でも同じ反応が生じる現象のこと。本書ではおおむね、自立課題で体得した効果を仕事や生活場面でも応用できることを指しています。

※13 一対一活動
マンツーマンで支援すること。

に一人で準備し、開始し、終わらせなければなりません。困った時に手を止めてしまい、支援者が来るまで何も進まないようでは、就労も継続しません。その点、自立課題は自立的に最初から最後まで遂行する習慣を養うものでもあります。困ったときにどうするかという手段は決めたとしても、基本的に自分一人で完成まで行う過程を学ぶことができます。

　また、いわゆる行動障がいの激しい強度行動障害の人の場合、「仕事は難しい」と思う支援者も多いかもしれません。しかし、行動面で目が離せない等の特性がある人たちこそ、自立課題の恩恵を受けるものと考えます。自閉症の人の特性上、環境を整えて自分の興味関心に適合すれば、集中したり、長時間活動したり机に向かっていることもできるものです。はじめは自立課題に5秒間しか取り組めなくても、その人の特性を捉えた適切な課題を提供し続けることで、5秒が10秒になり、それが1分、3分に延び……となる可能性も十分にあるのです。

　成人して学校を出て施設に通所する場合でも、社会人として多かれ少なかれ働くことを経験するのがよいと私は考えています。自立課題に取り組むことも職業参加の一環と考え、社会人としての経験・力量を高めることにつなげていただければと思います。

4. 特性や興味関心を活かした自立課題

●得意なことを伸ばす

　では実際、どんな内容の自立課題を提供すればいいのでしょうか?

　まずは、本人の特性をしっかり理解した自立課題であることが大切です。そして本人の特性の理解こそが、自立課題作りの第一歩です(本章「5.自閉症の特性を捉えるには」参照)。それをわかっていないと、この後で自立課題をオーダーメードしたり、他の人が使っている自立課題を再調整することもできないからです。例えば、文字がわからない人に文字を使った自立課題を提供してもうまくできないし、小さな部品を口に入れてしまう人に小さな部品を使用した自立課題を提供すると危険が伴います。

　次に、本人の「好きなこと」「得意なこと」「できること」に応じた自立課題であることも大切です。特に初めて自立課題に取り組む時には、一体何の時間なのか、本人はまだはっきりわかりません。最初から難しい自立課題や意味のわからないものを提供してしまうと、次から「嫌な時間」になってしまいます。最初は「好きなこと」「得意なこと」「できること」を

※14　リフレーミング
短所と思える部分は、別の角度から見ると長所として捉えることもできます。例えば「言葉の理解が難しい」⇒「絵や写真はよく理解できる」など。

※15　芽生え反応
TEACCHの評価基準の中に「芽生え反応」という考え方があります。「もう少しでできそうなこと」「練習すればできそうなこと」「少しの支援があればできること」です。これらを調べて、目標設定の指標にします。

中心にした自立課題を作ったり選んだりしましょう。

　自閉症の特性は一見ハンデに見えますが、リフレーミング※14をすれば自立課題の時間に活かせそうなところもあります。「状況が理解できないから集中できない」人は、構造化で「見通しがつけば集中できる」状況を生み出せる可能性があります。何より、自閉症の人の特性でもある「常同的-反復的行動」「ルーティーンの強さ」は、自立課題の時間を継続的に行う上で、そのままでも強力な強みです。毎日のプログラムで繰り返し自立課題に取り組み、何を求められているのかを理解することで、その時間は毎日のプログラムの柱として機能していくでしょう。次第に、「一度集中すれば最後までやり通す」という行動もルーティーンとして確立していきます。

●「芽生え」を伸ばす

　「好きなこと」「得意なこと」「できること」を伸ばして慣れてきたら、「チャレンジしてほしいこと」に取り組むチャンスが得られます。「チャレンジしてほしいこと」を自立課題に取り入れるポイントは「芽生え反応※15」があるかどうかを見極めることです。芽生え反応があった自立課題ができるようになれば、本人のさらなる達成感を満たすことになり、誉められる機会を増やせることになります。

　ただし、芽生え反応は本人にとってはまだ未習得なこと。負担も決して軽くはありません。そのため、チャレンジは、全体の活動時間の中で多くの時間を割かないようにします。

　触れたことのない素材や、やったことのない体の動きを自立課題に入れるチャレンジも有効です。自閉症の人はこだわりがあるので、同じ素材にしか触れたことがない場合も多くありますが、自立課題でさまざまな物に触れる機会を作り出すこともできます。また、常同的な体の動きに執着し一定の動作ばかりしている人には、いつもはしない動きを自立課題に取り入れることで、動作のバリエーションが増え、新たな可能性を引き出すことができます。

5. 自閉症の特性を捉えるには

　まず捉えるべきこととして挙げた自閉症の特性は、さまざまなカテゴリーに分けて解説されています。TEACCHでは「学習スタイル」や「自閉症の人が好むこと」という分類で説明されています。その他に多く用いられているのは、次の「三つ組み特性」といわれるものです。

15

1. 社会性の障がい	2. コミュニケーションの障がい	3. 想像力の障がい
・相手の気持ちを想像できない ・状況が理解できない	・理解が難しい ・発信が難しい ・やりとりが難しい	・物の一部に対する強い興味 ・常同的・反復的な行動 ・変化への対応が困難

加えて、以下も自閉症の大きな特性として考えられるとされています。

4. 感覚の障がい	・感覚刺激の過敏・鈍麻（どんま）

　自閉症の人全てがこれらの特性を全部持ち合わせているということではありません。どの特性がどの程度あるかは人によって異なります。

　この三つ組み特性を個別に整理するため、「自閉症特性シート」を使ってみましょう[表1]。記入することで把握しやすくなり、チームでの共有もしやすくなります。

【自閉症特性シートの使い方】

① 本人の特徴的な行動や気になる行動を思い出したり、観察して確認した後、メモ用紙などに書き出しておきます。過去の記録や家族への聞き取りなど、本人を知る人の情報も重要です。

② ①のそれぞれの行動を、自閉症特性シートのどの特性に当てはまるか考えながら「具体的なエピソード」欄に書き入れます（慣れてくると、①のメモがなくても直接書き込めるようになります）。チームアプローチを心がけ、②の段階からチームで取り組むことをお勧めします。時間の制約がある場合は、記入者がたたき台として記入しておいたものをチームで見直すという作業でもOKです。

③ 「具体的なエピソード」に対して、現在どんな支援や工夫で対処しているか、右の表に書かれたヒントを参考に、「支援や構造化のアイデア」欄に書いてみましょう。何も対処できていない場合は、チームでこれからできる支援のアイデアを出し合ってみましょう。必ずしも専門的な言葉や技法を選ぶ必要はありません。チームで共通理解できる、実際に取り組める、または取り組めそうな、実践的な支援のアイデアを出し合いましょう。

　②で「具体的なエピソード」を記入する時、「社会性の障がいかな？想像力の障がいかな？」と迷うことがあります。重要なのは自閉症の特性をつかむことなので、三つ組みの分類が多少ずれていても問題はありません。むしろその行動が「自閉症の特性である」と理解することが重要です。

[表1] 自閉症特性シート

日付：	氏名：		記入者：	
障害特性		具体例	具体的なエピソード	支援や構造化のアイデア
社会性の障がい	ア 相手の気持ちを想像できない	1 人への無関心（呼ばれても無反応／人の話に無関心） 2 一方的な関わり（自分の活動に没頭／自分の話を一方的にする） 3 ごっこ遊びよりも、感覚的な遊びになりやすい		■人との関係性や感情を見える形で伝える（視覚的構造化） ■着目すべき点を強調する（視覚的構造化）
	イ 状況の理解ができない	4 見えないもの・抽象的なもの・曖昧なものの理解が難しい 5 その場に合わせた行動がとれない（空気が読めない） 6 情報が多いと混乱／周りの刺激に影響を受けやすい 7 どこに注目したらよいかわからない 8 視線や雰囲気を読み取ることが苦手 9 始まりと終わりが理解しにくい 10 手順が思いつかず場当たり的		■「いつ」「どこで」「何を」の情報を視覚的に伝える（スケジュール、ワークシステム） ■場所と活動を一対一対応させる（物理的構造化） ■周りの過剰な刺激を遮断する（物理的構造化） ■「どれだけやる」「どうなったら終わり」「終わったら何をする」を伝える（ワークシステム）
コミュニケーションの障がい	ウ 理解が難しい	11 音声言語の理解が苦手／パターンで理解しがち 12 目に見える情報で考える 13 独特な理解の仕方をしてしまう（都合の良い理解・字句通りの解釈） 14 言葉の裏を読めない（冗談や皮肉が伝わらない）		■言葉でなく絵や写真、具体物で伝える（スケジュール） ■伝える量（1日、半日など）に配慮する（スケジュール）
	エ 発信が難しい	15 音声言語で伝えられない／直接行動や独特な行動で伝える 16 伝えるべきことを忘れやすい 17 抑揚のない話し方をする 18 知っている言葉をうまく使いこなせない 19 言葉以外の手段をうまく使いこなせない		■言葉でなく絵や写真、具体物で発信できる方法を教える（絵カード）
	オ やりとりが難しい	20 情報処理速度を合わせることができない 21 意図のない独語、意味を伴わないフレーズを繰り返す（エコラリア） 22 自分のペースや話題でやりとりしようとする		■忘れても思い出す工夫をする（リマインダー） ■情報は1つずつ、本人のペースに合わせて提供する（スケジュール、視覚的構造化）
想像力の障がい	カ 物に対する強い興味	23 興味関心が狭くて限定的 24 集中しすぎると注意の移動ができない 25 部分的に見ることは得意だが全体的に捉えることが苦手／細部しか目に入らない		■興味関心を活かした活動を組む（スケジュール、ワークシステム） ■境界をはっきりする（視覚的構造化）
	キ 常同・反復的な行動	26 いつも同じように繰り返す／いつもと同じ状態へのこだわり 27 特定の物や人への執着 28 その都度臨機応変に判断できない／急な予定変更が苦手 29 パターン化したこと以外の見通しをもちにくい		■常同行動を活動に活かす（ルーティーン） ■統一した支援を徹底する（手順書）
	ク 変化への対応が困難	30 いつもの手がかりや合図が変わるとわからなくなる／一般化が苦手 31 先の展開が読めない／なぜこの展開になったのかわからない 32 次の行動へ移行できない／途中で終われない 33 一つずつ情報処理していく		■予定の変更を教える（スケジュール） ■始まりと終わりを伝える（ワークシステム）
感覚の障がい	ケ 感覚の過敏・鈍麻	34 感覚が過敏、もしくは鈍感すぎる 35 独特な感覚をもっている 36 刺激のコントロールができない 37 独特な体の使い方をする 38 多動性・衝動性がある		■サングラス、イヤーマフなど刺激をコントロールできるグッズの利用 ■コーピンググッズの利用 ■刺激のコントロールをする（物理的構造化）

これで自閉症特性シートが完成します。支援のアイデアの方向性に従って、自立課題を作っていきましょう。

全国各地で行われている自閉症支援の研修などでもこのようなシートが使われることが多くありますので、このシートにこだわらず、支援者が慣れ親しんでいるシートを使ってください。

自閉症特性シートが完成すれば、自立課題を製作しやすくなります。さらに、第3章で紹介する「構造化評価シート」（p136）で提供のしかたを検証し、「自立課題評価シート」（p145）を活用して製作した自立課題の再評価を行うこともできます。第3章では、これらのシートを使って、特性に応じた構造化を考え、構造化の中で取り組む自立課題の導入例と、自立課題の再評価のしかたを紹介しています。

6. 自立課題のカテゴリー

自立課題にはたくさんのカテゴリーが存在します。カテゴリーに分けることで、どのカテゴリーが得意なのか、好きなのか、苦手なのかといった本人の傾向をつかむことができます。活動のバリエーションを増やすという意味では、多くのカテゴリーができるようになるとよく、さまざまな素材や動きを経験することができます。

提供する形で分類すると、「シューボックスタスク」と「ファイリングタスク」の2種類があります。日本語で「靴箱」を指すシューボックスタスクは、文字通り靴箱のような「トレイ」や「箱」に入れて提供します。机に向かって取り組む場合は、机の上に置いてちょうど本人の視界に収まるサイズで作ると扱いやすいでしょう。

ファイリングタスクは、リングファイルや綴じファイルなど、ファイリングしたものや見開きの状態のものを指します。完成したら閉じてしまうので、「見えなくなる→終わり」という概念を伝えやすい方式です。

カテゴリーとしてはいろんな分類のしかたがありますが、本書では次のように分類しました。実際に自立課題をカテゴリーで分類してみると、複数に属しているものや、どのカテゴリーかはっきり分けられないものもありますが、カテゴリーは傾向をつかむための大まかなものでよく、厳密に分ける必要はありません。

1. 身体を動かす（粗大運動・微細運動）

大きな素材に身体全体を使って取り組むもの、または手先の細かい動作を組み込んだ、身体の動きに注目したカテゴリーです。粗大運動の自立課題は、はじめからいきなり机に向かうことが難しい人や、部屋全体を使った活動から徐々に机に向かう習慣をつけたい人に活用できます。微細運動は、既に机に向かうことができ、指先の細かい動作を得意とする人や、より難しい動作を習得したい人に提供します。

2. 物を分ける（分類・マッチング）

同じ属性（色、大きさなど）ごとに分類したり、一対一対応するものをより分け、マッチングして組み合わせるカテゴリーです。自閉症の人は、比較的一対一対応の理解が得意な人が多く、マッチングも得意な傾向があります。マッチングを習得すれば、言葉や文字がわからなくても形の違いで判別できるようになります。

3. 物を入れる（プットイン）

穴の開いた容器に物を入れたり、穴に挿し込んだり、はめるなどの動作を行うカテゴリーです。入れた時の音など、感覚的な刺激も得られ、比較的簡単な動作でできるものが多いので、自立課題の導入として使用しやすいものが多くあります。自立課題の製作が初めての支援者は、まずはこのプットイン課題から作ってみてもよいでしょう。

4. 組み立てる・物を包む

実際の生活や仕事に活かせるような作業性が高い課題のカテゴリーです。職業現場では、製品を袋につめたり、箱に入れるといったパッケージングの作業も多くあるので、実践的な職業訓練にも役立ちます。道具の扱いやふた、ねじ、バッグ、箱など、本人の身の回りにあるものを使用すると、実用度も上がります。物をしまう、片付けるといった習慣を身に付けることもできます。

5. 暮らしに役立てる

洗濯や買い物、掃除といった動作を意識した課題で、家事スキルや日常生活スキルを学べるものです。ボタン、ファスナーなど、自分の身の回りのものから、ゴムやバネなど普段は触れない物への接近も課題に含める

ことができます。また、「暑い」「重い」など、視覚的に表現しづらい概念を学び暮らしに活かすことができます。

6. 楽しく遊ぶ

　余暇として取り組むと楽しい課題のカテゴリーです。自立課題の時間でも「息抜きの課題」として入れることがあります。本人が自ら手に取るような興味をそそる課題ができると望ましいのですが、自立課題や余暇に慣れていない場合、まずは支援者が余暇の時間に取り組む自立課題を選んで毎日提供していくうちに、本人にとって興味のあるものへと変わっていく可能性もあります。

7. 学習に役立てる

　文字や数字の概念など、学習要素の強い課題のカテゴリーです。特に学童には学習の素材として役立つものも多くあります。文字や数字、時計、お金などを、楽しく主体的に学ぶ機会を作ることができます。国旗や駅が好きだったりと、固有の興味をもっている人には、それを活かした学習的な自立課題を製作すると、楽しみながら学習できます。

7. 自立課題を構成する視覚的構造化

　自立課題を製作するときには、「視覚的構造化」を意識しましょう。「構造化[16]」とは、自閉症の人がわかりづらい情報（時間的・空間的なもの、活動の順序など）を、その人がわかる方法で伝えるためのさまざまなアイデアのことをいいます。構造化をすることで、理解を助け、混乱を防ぎ、自らが判断して行動できる手助けとなります。いわば、複雑な世の中の仕組みと自閉症の人をつなぐ架け橋を作るための工夫です。「視覚的構造化」とは、それが目に見えて、わかりやすくなっていることを指します。

　本人が自立課題を目で見て理解して自立的に取り組むためには、自立課題自体の視覚的構造化が必要です。この要素が欠けているものを提供しても、本人は何を求められているか理解できず、取り組むことができないでしょう。自立課題そのものが視覚的構造化の集合体ともいえます。

　視覚的構造化は次の3つの要素に分類できます。

※16　構造化
TEACCHプログラムでは「スケジュール」「物理的構造化」「ワークシステム」「ルーティーン」、そして「視覚的構造化」と5つに整理し、説明されています。これらを活用して構造化された環境を作って支援する実践例については第3章で説明します。第1章では、自立課題の構成要素といえる視覚的構造化について説明します。

1. 視覚的指示

　目で見て何を求められている課題なのか一目瞭然であることをいいます。自立的な活動を目指すには、支援者からの細かな指示がなくても、自ら理解し自発的に取り組めるよう工夫する必要があります。文字での指示がわからなければ、矢印やマークなど、本人が理解できるあらゆる方法を考えていきます。

2. 視覚的明瞭化

　自立課題のどこに注目し気付いてほしいのか、肝心な部分をマークや色などで強調することをいいます。社会性の障がいがある自閉症の人は、周りの刺激に影響されて注意が散りやすい特性があったり、独特なものの見方があるために自分の好きなところにばかり注目してしまい、他の物事に注意がいきにくい場合があるため、このような工夫が効果的です。

3. 視覚的組織化

　自立課題の部品一つひとつに置くべき場所、あるべき場所を決めておくことを指します。社会性の障がいや想像力の障がいがある自閉症の人は、乱雑な状態や曖昧なものが苦手で、整然としている状態を好みます。自立課題がそのように整った状態になっていることで、本人の興味をひき、手に取る行動が発生して、考えやすくなります。

　どの自立課題も、必ず上記の視覚的構造化の3要素が含まれています。自立課題を製作する時はこの3要素を意識しながら作りましょう。第2章で紹介する自立課題も、全て視覚的構造化の視点から説明しているので参考にしてください。

　また、自立課題は、自閉症のある本人のために活用されるものなので、本人に適合するまで改良を重ねます。第3章で示すように、自立課題を評価し、再構造化する可能性も十分あります。そのため、作り変えることを前提として作成します。部品や部分を取り換えられれば、1つの自立課題をさまざまなバリエーションに展開することも可能です。作品を数多く作ることも大切ですが、一課題のバリエーションを増やしていく視点ももちましょう。

8. 自立課題の製作に向けて

　本人の特性を理解し、支援の方向性が見えてきたら、いよいよ具体的な自立課題の製作に入りましょう。

1. ねらいを定める

　自立課題は、基本的にはオーダーメードです。特定の人を思い浮かべながら作ることになります。どんな自立課題を作るかを考える時には、その人にとって何が必要なのかを考えることから始まります。

　考え方のポイントには、以下が挙げられます。

> ・○○ができるから、得意だから、好きだから作る
> ・○○が苦手だから、少しでもできるようになるために作る
> ・○○という素材を触ったことがないので、素材への接近のために作る
> ・自立課題を通してリラックスできるようになるために作る
> ・自立課題を通して集中力や持続力をつけるようになるために作る
> 　※○○には自立課題の材料、素材、方法などが入る

　本人に今何が必要か？　身に付けてほしいことは何か？　を考えながら作りましょう。第5節で作成した「自閉症特性シート」に、興味関心が書かれていたり、絵や写真、言葉の理解が記入されていれば、その特性を活かした自立課題を作ります。止まらないこだわりや苦手なことが記入されていれば、それらを避けて製作します。

2. 自立課題のゴール（求められている完成形）を描く

　自立課題は、本人が自立的に始めて、自分で終われるように設定します。始まりは視覚的構造化を用いて一目でわかるようにしますが、同時にどうなったら完成（終わり）なのかもはっきりさせておく必要があります。完成形がいくつもあったり、毎回違った形を求められると混乱を招いてしまいます。まずは製作者が「どうなったらゴールか」という明確なイメージをもって作りましょう。

3. 視覚的構造化を再構造化する余地を残しておく

　先にも述べたとおり、自立課題には視覚的構造化の要素が詰まっています。作る工程でも構造化を意識しますが、完成して実践すると再構造化の必要が出てくる場合があります。例えば、視覚的指示として矢印を

描いたものの、それではわかりにくい場合、描き直す必要があります。そんな時、油性ペンで書かれていると消すことができません。矢印ではわかりにくいことも想定して、後で消せるような工夫をし、修復する余地を残しておきましょう。

4. ミスを想定し、難易度の調整ができるようにしておく

本人の集中力や持続力、巧緻性や理解力によっては、ミスに一定の傾向が出ることもあります。そのようなミスアクションを想定し、自立課題の難易度を調整できるようにしておくことも大切です。また、量が多すぎたり少なすぎたり、内容が難しすぎたり簡単すぎたりといったこともよくあります。その場合も再構造化する必要があり、量の増減や、難易度の調整が簡単にできる設定を心がけておきます。

5. 丈夫に作り、予備も用意しておく

物の扱いや力加減のコントロールが苦手な人がいます。自立課題を雑に扱った結果、1回で壊れてしまったり、初めてでわけがわからず、かんしゃくを起こして机から投げて壊れたり、部品がなくなる可能性もあります。

自立課題は長く使うもので、ある程度の丈夫さが必要です。机の上から落とす可能性も考慮し、一定の強度を備えた製品を作りましょう。また、部品が細かいと、棚に置いてあっても紛失することがあります。あらかじめその可能性も考えて、細かい部品類は予備をいくつか作っておきましょう。

6. 価格をおさえ、身の回りの不要品を活用する

何種類、何十種類も作るとなると、費用もかかります。バリエーションを増やしていくためにはローコストという視点も大切です。材料は100円ショップで安く買えるものもかなりありますし、家庭で眠っているお菓子の箱やおもちゃも使うことができます。試供品や粗品など、使える素材をリユースする発想も大切です。

〈引用文献〉
1）強度行動障害支援者養成研修（基礎研修）プログラム作成委員『強度行動障害支援者養成研修【基礎研修】受講者用テキスト』p27、2014年2月、独立行政法人国立重度知的障害者総合施設のぞみの園
〈参考文献〉
● ノースカロライナ大学医学部精神科TEACCH部編『見える形でわかりやすく―TEACCHにおける視覚的構造化と自立課題』p4、2015年、エンパワメント研究所

コラム

自立課題製作にあると便利なもの

自立課題製作にあたって、前もってそろえておくと便利な道具があります。

ラミネーター・ラミネートシート

紙類などの薄いものは、ラミネート加工して強度を強めると破れず、濡れても大丈夫（自閉症の人は水が好きで手が濡れている人も少なくない）なので、大変便利です。ファイリングタスクであれば、そのまま折り曲げてファイル状にでき、紙の上に面ファスナーを貼り付けるときにも便利です。書いたり消したり、貼ったり剥がしたりもしやすく、再構造化もしやすくなります。

素材協力：アイリスオーヤマ（株）

電動ドリル

穴空けもドライバーも両方できるものが便利です。木片に穴を空けて、何かをプットインできるようにしたり、ねじで木片や板を貼り合わせたり、つなげる時によく使います。

素材協力：（株）マキタ

トレイ・ケース

シューボックスタスクでは、視覚的組織化のために自立課題全体を納めておくものとしてトレイを使うことが多くあります。空き箱でもいいですが、一番衝撃にさらされる外側なので、樹脂製のトレイをお勧めします。100円ショップでは、プラスチックコーナー、調理グッズコーナーの食品トレイなど種類は豊富に扱われています。また、細かい部品はバラバラと置くのではなく、ケースにきちんと入っているだけで視覚的組織化が機能するため、ふた付きのケースはとても重宝します。ばらつかず、片付けもしやすくなります。こちらも100円ショップで高さ、奥行、横幅などさまざまなサイズが売られています。

面ファスナー

「マジックテープ®」が代表的です。マッチングや分類ではかなりの頻度で使用します。貼った部分自体が視覚的指示になり、貼った面との色の差があれば視覚的明瞭化にもなります。粘着タイプのものはラミネートシートや樹脂製のトレー、木片にもよく付き相性が良いです。面ファスナーで木片や板を貼り合わせると、面ファスナーの厚みで隙間ができ負荷を吸収するので、結果的に丈夫なようです。

素材協力：（株）クラレ
※「マジックテープ」は（株）クラレの面ファスナーの登録商標

梱包用OPPテープ（透明）

面ファスナーと同じく、様々な素材に貼ることができます。人の手では破れないほど丈夫なので、作った自立課題の補強として使うことも多くあります。水に強く、壊れた時の補修用としても便利です。透明なので地の文字や色が見えますし、さらに油性ペンで字を書いたり色をつけたりすることができます。

素材協力：積水マテリアルソリューションズ（株）

第2章

自立課題の
アイデア95

身体を動かす
（粗大運動・微細運動）

基本のペグ挿し

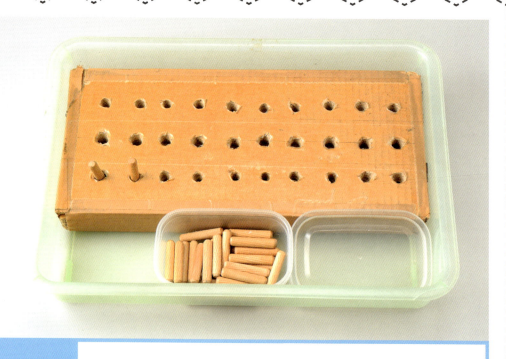

こんな人に、こんな子に

- ■「机で課題に取り組む」などの作業の基本を身に付けたい人に
- ■「つまむ」動作を身に付けたい人に
- ■ すっぽりはまる感覚が好きな人に

課題の内容とゴール

穴の空いたボードと、ペグ（杭）があります。ペグをボードの穴に次々と挿し込んでいきます。全ての穴が埋まったらゴールです。

よくあるミスアクションへの対応

ペグが小さいので、小さい物に慣れていないと落として見つからない場合があります。ペグや穴を大きくすることで扱いやすくなり、また挿しやすくなります。

より難易度を高くする工夫

穴とペグにそれぞれ色や文字、シンボルなどをつけて、分類やマッチングの要素を盛り込むこともできます。また、複数のサイズのペグを用意し、サイズに合うものだけを選ぶようにしても難易度が上がります。

視覚的構造化から読み解くと

視覚的指示 ボードに穴が空いており、ケース内のペグを挿し込むことがわかります。

視覚的明瞭化 ボードには穴だけ空いており、余計な刺激がなく穴が目立っています。

視覚的組織化 穴のサイズはペグにぴったりで、整然と並んでいます。

製作のヒント

電動ドリルは他の自立課題作りにも役立ちますのでぜひ入手してください。穴空けの仕上がりがとてもよく、製作時間も短縮できます。

作りかた

使うもの

材料
❶ トレイ
❷ ダンボール
❸ ペグ（100円ショップ等で入手可能）

道具
❹ のり
❺ ハサミ
❻ 梱包用OPPテープ（透明で幅広のもの）
❼ ドリル

1

ダンボールをトレイのサイズに合わせて、5～10枚程度カットします。

2

1でカットしたダンボールを、1枚ずつのりで貼り合わせて、さらに梱包用OPPテープで貼り、厚いボードを作ります。

3

ペグの直径に合うドリルの刃をセットし、2のボードに穴を空けます。刃に穴を空ける深さの印をつけると目安になります。まずは小さめの径の刃で試し、徐々に大きな刃で穴を空けると失敗を減らすことができます。

4

1つ穴を空けるごとに試しにペグを挿し、入る深さがなるべく均等になるように微調整します。きれいに入るように調整できたら完成です。

Chapter2

1-2

身体を動かす
（粗大運動・微細運動）

ひもの穴通し

こんな人に、こんな子に
- 学校で習った裁縫技術を活かしたい人に
- 細かい動きが得意な人・練習したい人に
- ひもを触るのが好きな人に

課題の内容とゴール
ボードの上にフックねじが打たれ、スタートの位置にひもがついています。シートの矢印に従ってフックにひもを通していきます。縫うような動きです。シートの指示通り反対側の端まで順に穴を通すことができたらゴールです。

視覚的構造化から読み解くと
視覚的指示 どの順にひもを通していくかが、シートに矢印で示されています。
視覚的明瞭化 シートの矢印とひもを同系色にして指示を明確にしています。
視覚的組織化 完成するときれいなジグザグになり、ひもも長く余ることはありません。

よくあるミスアクションへの対応
矢印を無視して自分の好きなようにひもを通す場合があります。視覚的指示が不十分ということなので、最初の3つ程度をフックに通し、見本を作っておきましょう。

より難易度を高くする工夫
ひもを細く、穴を小さくするほど難しくなります。人によってはひもの先を本当の針や、それに近いもの（ゴム通しなど）に通したりして、裁縫の動作に近づけることができます。

製作のヒント
ひもは、靴ひものような絡みにくい材質と太さがよいでしょう。完成時にきれいになり達成感を高めるためにも、フックねじを打つ位置は等間隔にしましょう。

作りかた

使うもの

材料
1. トレイ
2. ひも
3. 板
4. フックねじ
5. 洗濯バサミ

道具
6. 両面テープ
7. テープ
　ラミネーター・
　ラミネートシート

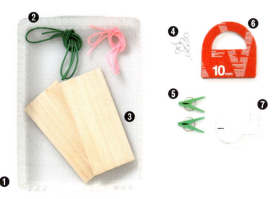

1
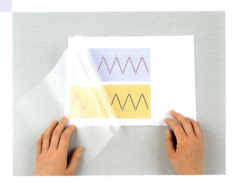

板のサイズを確認しながらシートを作ります（パソコンでの製作がきれいです）。どの間隔でフックねじを打つかも考え、ひもの通る順番を矢印で示します。プリントしたシートはラミネート加工をしましょう。

2

1のシートを両面テープで板に貼り、その上からフックねじを直接ねじ込んでいきます。フックねじの穴の向きは揃えます。

3
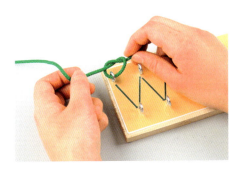

ひもをスタート位置のフックねじに結び付けます。ひもの先がほつれないよう、テープを巻くとよいでしょう。
※使わない時は、スタート位置に洗濯バサミ等でひもをまとめておくと邪魔になりません。

4
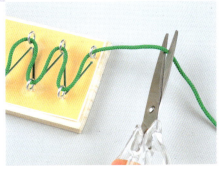

ゴールまでひもを通し、ゴールのフックねじより少し長めに取った長さで切ります。スムーズに通ることを確認できたら完成です。

身体を動かす
（粗大運動・微細運動）

背伸びでボール入れ

こんな人に、こんな子に

- いすに座って行うよりも、立って取り組みたい人に
- 全身運動を取り入れたい人に
- 微細運動が苦手な人に

課題の内容とゴール

他の人に影響しない場所に本体を設置します。黄色い箱の中に入っているピンポン玉を、背伸びして上のカゴ状の部分に入れます。すると下に落ちて青い箱の中に溜まっていきます。黄色の箱にピンポン玉がなくなったらゴールです。

視覚的構造化から読み解くと

視覚的指示　上のカゴ状の部分が大きいので、そこに入れることがわかります。
視覚的明瞭化　ピンポン玉は箱や本体と別色のものを使用し、目立たせています。
視覚的組織化　上から下に落ち、心地よい音とともに青い箱にたまっていく爽快感が味わえます。

よくあるミスアクションへの対応

ピンポン玉を入れる手元のケース選びも重要です。そこから落ちると玉が跳ねて散らばり、逆にそれが遊びになってしまう場合があるので、大きすぎて扱いにくいケースは避けましょう。お手玉など、落としても跳ねないものだと扱いやすいので、ゴールしやすくなります。

より難易度を高くする工夫

大きな動きを求める場合、ピンポン玉のケースと本体の位置を離すと、移動距離を大きくできます。

製作のヒント

ホームセンターで雨どいを入手し、組み合わせます。ドリルで穴を空けて、ひもや梱包用テープで下の箱にしっかりとくくりつけましょう。

Chapter2
1-4

身体を動かす
（粗大運動・微細運動）

ボトルキャップすべり台

1 身体を動かす[3・4]

こんな人に、こんな子に
- いすに座って行うよりも、立って取り組みたい人に
- 物の動きを目で追うのが好きな人に
- 遊びながら作業性を高めたい段階の人に

課題の内容とゴール
他の人に影響しない場所に本体を設置します。手元のケースに入っているボトルキャップを本体の穴から入れると、すべり台に乗って下から出てきます。ケースのボトルキャップが全てなくなったらゴールです。

視覚的構造化から読み解くと
視覚的指示　穴はボトルキャップを入れやすい大きさのため、ここから入れるのだとわかります。
視覚的明瞭化　ボトルキャップがすべり台をすべり、下に溜まる様子がしっかり確認できます。
視覚的組織化　入り口からすべり台、受け箱までが一体的な作りで、注目しやすくなっています。

よくあるミスアクションへの対応
ボトルキャップそのもので遊んでしまう場合があります。ボトルキャップを入れるケースを、本体の穴のすぐ近くに設置することで、穴に気づきやすくなります。

より難易度を高くする工夫
穴を小さくすると難易度が上がります。また、ボトルキャップだけでなく、ビー玉やスーパーボールなど、穴に入れる楽しみを利用して、普段手にしない素材に接近する機会を作ることができます。

製作のヒント
大きなダンボールにボトルキャップが入る穴をくり抜きます。すべり台部分はすべりがよいプラスチック製ダンボールやプラシートがお勧めです。

Chapter2

1-5
身体を動かす
（粗大運動・微細運動）

お部屋で虫採り

こんな人に、こんな子に
- 机に向かう活動が難しい人に
- 身体を動かす活動を取り入れたい人に
- 余暇的な活動を求めている人に

課題の内容とゴール
面ファスナーが貼ってある壁に、昆虫のカードを貼り付けてあります。虫かごに昆虫のカードを集め、机に置いてあるファイリング形式の図鑑にマッチングさせて全て貼り付け、図鑑を完成させたらゴールです。

視覚的構造化から読み解くと
視覚的指示 壁に虫が止まっており、そばに虫かごがあるので、採って入れるのだとわかります。
視覚的明瞭化 何もない壁に虫が止まっているので目立ちます。
視覚的組織化 採った虫をファイリングすると、きれいに整理された図鑑になります。

よくあるミスアクションへの対応
虫を採ったらそれで遊んでしまう場合があります。机でファイリングすることもねらいの一つなので、机に向かう誘導が必要です。貼る場所を本人の活動エリアに限定し、机への誘導を行いましょう。

より難易度を高くする工夫
ファイルに示されていない昆虫も壁に貼っておくと、どれを採ればいいかという宝探し的な難易度も加わります。

製作のヒント
貼るものは本人の興味関心に合わせます。昆虫以外にも、栗や落ち葉、花など季節を感じるものを用意して、季節感を出す演出もできます。

Chapter2
1-6
身体を動かす
（粗大運動・微細運動）

ボビンをスライド

1 ― 身体を動かす［5・6］

こんな人に、こんな子に

- スライドさせる動きの経験が少ない人に
- 微妙な力の調整を練習するために
- 簡単な動作で達成感を得たい人に

課題の内容とゴール
色が塗られたミシンのボビンと木枠があります。ボビンを右側にスライドすると、同じ色の木枠の中に納まります。全てのボビンをスライドし、同色の木枠内に納めたらゴールです。

視覚的構造化から読み解くと
視覚的指示　矢印の指示に加えてスライド先に同色のスペースがあり、そこに移動させるとわかります。
視覚的明瞭化　ボビンは着色して目立たせ、色分けの効果を上げています。
視覚的組織化　ボビンは右側の着色した木枠内にぴったり納まり、外れることはありません。

よくあるミスアクションへの対応
ボビンの形状に興味が集中して、手に取りたくなり抜き取ろうとする場合があります。手作りの木枠のため強度にも限界はありますが、ボビンが簡単に外れない幅にしましょう。ボビンを大きくするほど木枠の強度を必要とします。木枠にロウを塗るとすべりやすくなります。

より難易度を高くする工夫
木枠の幅を狭く調整してきつくし、ボビンを少しスライドしにくくすると難易度が上がります。

製作のヒント
木枠の材料となる木材はクラフトコーナー等で角材として入手できます。特に100円ショップの角材は柔らかいので、ハサミでもある程度加工できます。

33

Chapter2
1-7
身体を動かす
(粗大運動・微細運動)

小さな輪っかかけ

こんな人に、こんな子に

- 小さな物を扱う経験の少ない人に
- 力の入れ加減の調節が苦手な人に
- フックに物を引っかける練習をしたい人に

課題の内容とゴール

スタンド型プレートにたくさんのフックがついています。ケース内の「輪っか」を1つずつ取り出し、1つのフックに1つの輪っかを引っかけていきます。全てのフックに輪っかがかかればゴールです。

視覚的構造化から読み解くと

視覚的指示 フックは輪っかをかけるとしっくりくるサイズで、「引っかける」指示になります。

視覚的明瞭化 フックと輪っかの色のコントラストで、かけた場所がわかりやすくなっています。

視覚的組織化 フックは規則的に貼られています。スタンドはトレイに固定され扱いやすくなっています。

よくあるミスアクションへの対応

1つのフックに複数の輪っかをかけてしまうことがあります。1つのフックに輪っか1個だけをかけた見本があるとわかりやすくなります。微細運動が苦手な人には、大きいフックと輪っかのサイズで作りましょう。

より難易度を高くする工夫

同数のフックと輪っかにそれぞれ数種類の色を塗ることで、「色で分ける」要素を盛り込むこともできます。

製作のヒント

スタンド型プレートは「名札プレート」「イーゼルプレート」等の名称で、輪っかはおもちゃとして、それぞれ100円ショップ等で手に入ります。

Chapter2
1-8
身体を動かす
（粗大運動・微細運動）

ヘアブラシのストロー挿し

1 身体を動かす［7・8］

こんな人に、こんな子に
- かなり細かい作業に取り組める人に
- 長時間集中できる人に・集中できるようになるために
- 小さな物をつまむ練習をしたい人に

課題の内容とゴール
ヘアブラシの毛先1本1本にストローを挿し込んでいく根気のいる課題です。全ての毛先にストローが挿し込まれたらゴールです。

よくあるミスアクションへの対応
毛先の本数があまりに多すぎてくじけてしまう場合があります。毛先を根本から切ったり、ヘアブラシごと半分にして負荷を減らすことができます。
また、ストローが小さいので落としてなくしてしまうこともあります。ストローは多めに作っておきましょう。

視覚的構造化から読み解くと
視覚的指示　ブラシの毛先と同じ長さで、挿し込みやすい太さのストローが用意されています。
視覚的明瞭化　毛先とストローの色を変え、挿し込み済みの部分をわかりやすくしています。
視覚的組織化　ヘアブラシはトレイに固定されていて、ストローが挿し込みやすくなっています。

製作のヒント
毛先の間隔が空いているブラシを選ばないと、大変な負荷の課題になってしまいます。また、本来の使い方を覚えていて、実際に髪をといてしまうこともあるので、余計な刺激となるヘアブラシの柄の部分は切り落としましょう。

35

Chapter2
1-9

身体を動かす
（粗大運動・微細運動）

カラー輪ゴムかけ

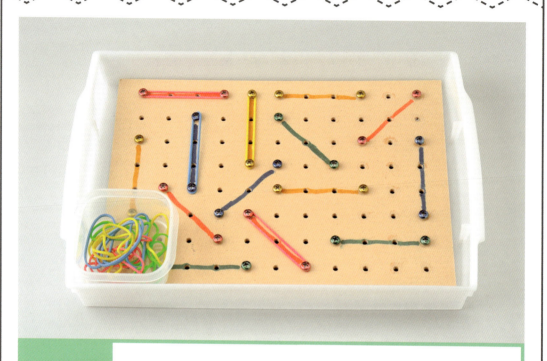

こんな人に、こんな子に
- 輪ゴムが扱える人に・慣れてない人に
- 色の区別ができる人に
- 引っかける動作を練習したい人に

課題の内容とゴール
部分的に色が塗られたパンチボードの穴に、ねじが挿し込まれています。ボードと同色の輪ゴムをねじに引っかけます。全てのねじに正しい色の輪ゴムがかかったらゴールです。

視覚的構造化から読み解くと
視覚的指示　ねじにも着色してあり、そこに同色のゴムをかけるとわかります。
視覚的明瞭化　ボードの色は、同色が近接しないようにしています。
視覚的組織化　ボードの穴3〜4個で1つの輪ゴムというように、ほぼ等間隔に輪ゴムをかけます。

よくあるミスアクションへの対応
色の分類を意識せずに輪ゴムをかけてしまう場合があります。ボードも輪ゴムも色を統一することで、輪ゴムの取り扱いだけの課題にすることもできます。

より難易度を高くする工夫
穴5個分などねじの間隔（輪ゴムを広げる長さ）をのばすと、輪ゴムを引っかける難易度を上げることができます。

製作のヒント
既製品のパンチボードは穴が揃っていて便利。穴のサイズに合わせたねじを選ぶとすっぽりはまります。どちらも100円ショップ等で安価に入手できます。

Chapter2 1-10
身体を動かす（粗大運動・微細運動）

段違いストロー挿し

こんな人に、こんな子に
- 厚さの違いにより、挿せる深さが違うことを理解するために
- 色の違いがわかる人に
- 細い物を細い穴に挿すという細やかな動きを練習するために

課題の内容とゴール
厚さの違う木の板がトレイの上にあります。厚さごとに別色の枠囲いがされています。ケースに入っている同じ色のストローを選んで、穴の底まで挿し込んでいきます。板と同じ色のストローを全て挿し込むことができたらゴールです。

視覚的構造化から読み解くと
視覚的指示 色の枠囲いと、それに対応した色のストローがあるので、同色を合わせて挿すとわかります。
視覚的明瞭化 木の板を色の枠で囲うことで、境界線をはっきりさせています。
視覚的組織化 穴はストローの太さと同じサイズで、挿すとぴったりした感じが味わえます。

よくあるミスアクションへの対応
厚さを意識していないと、穴の途中で挿し込むのを止めてしまう場合があります。また、まっすぐ挿せずストローが途中で曲がってしまい、挿すのを止める場合もあります。微細運動がねらいなので、一対一活動からゆっくり底まで挿す練習を始めましょう。

より難易度を高くする工夫
既にセットされたストローをつまんで抜き取るという微細運動の自立課題にアレンジすることもできます。

製作のヒント
木の板は薄いものを貼り合わせて厚みのバリエーションを出します。穴を空ける時は、電動ドリルを何度か上下させて、ストローがスポッと入るよう調整します。

Chapter2

2-1 物を分ける（分類・マッチング）

いろいろ「緑」の分類

こんな人に、こんな子に
- 微妙な色の違いを見分けることができる人に
- 特定の色で興味や安心感を得ることができる人に
- マイカラー（安心できる色）がある人のリラックスのために

課題の内容とゴール
緑がマイカラーの人のために作られた自立課題です（他色がマイカラーの場合は適宜配色を変更）。4種類の「緑色」が混合しているカードを分類し、分類ケースに入れていきます。全てのカードを分類することができたらゴールです。

視覚的構造化から読み解くと
視覚的指示 分類ケースに見本が1枚ずつ入っており、どこにどの色を入れればよいかがわかります。
視覚的明瞭化 他の刺激となる要素は省き、4種類の緑の微妙な違いに集中できるようになっています。
視覚的組織化 分類ケースは明確に仕切られ、そのサイズぴったりにカードが入れられます。

よくあるミスアクションへの対応
微妙な緑の違いを見極められず、適当に入れてしまう場合があります。この課題は本人のこだわりともいえる色への興味関心を活かしたもののため、適当に入れてしまうのであれば適していない課題であるといえます。

より難易度を高くする工夫
適性があれば、カードの枚数を増やして作業性を高めても興味が継続し、取り組みやすい課題です。

製作のヒント
固有の色にこだわりがある人にぴったりの自立課題です。作業性が高く、楽しみながらできる課題です。

作りかた

使うもの

材料
❶トレイ
❷ケース
❸分類ケース（100円ショップなどで入手）
❹A4用紙

道具
❺ハサミ
　ラミネーター・ラミネートシート

1

入手した分類ケースにぴったり入る大きさのカードを作ります。ぴったり感のあるサイズのカードが大量に必要です。手作業ではなく、数ミリ単位で合うようにパソコンで作成し何度も印刷して緻密に作りましょう。

2

カードをラミネートして、線に沿ってハサミかカッターで切ります。同じサイズで大量生産したいので、線に沿って切りましょう。裁断機は緻密に切れないのでお勧めできません。

3

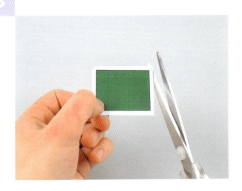

安全のために角を少し丸くカットします。

4

ぴったり入るかどうか、分類ケースに入れながら確認します。入らなかったらハサミで微調整します。

2 物を分ける ［1］

Chapter2

2-2 物を分ける（分類・マッチング）

向き合わせ型はめ

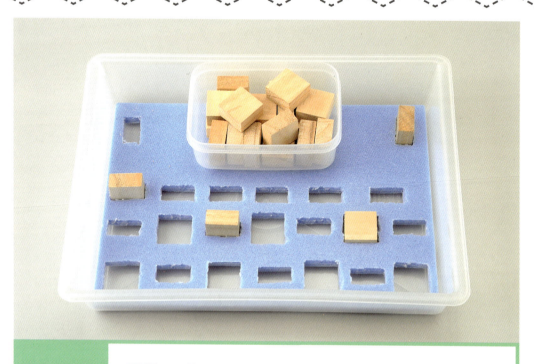

こんな人に、こんな子に
- 型はめが好きな人に
- 型の大きさとブロックの向きの関連が理解できる人に
- ぴったりはまる感覚が好きな人に

課題の内容とゴール
カットアウト（型抜き）されたウレタンがあります。木片ブロックの向きにより、ぴったりと型にはめることができます。向きを見極めながら、全てのブロックをはめることができたらゴールです。

視覚的構造化から読み解くと
　視覚的指示　型抜きされているので、そこに木片ブロックをはめるのだろうとわかります。
　視覚的明瞭化　ウレタンがカットアウトされた部分は、くぼんでいて目立つようになっています。
　視覚的組織化　型はめするとぴったりはまり、縦・横がきれいに並んでできあがります。

よくあるミスアクションへの対応
木片ブロックの向きが理解できず、無理やりはめようとする場合があります。一対一活動で木片ブロックには向きがあることを教え、身に付いてきたら自立課題に移行します。

より難易度を高くする工夫
木片ブロックとカットアウトの種類を増やすと難易度が増しますが、カットアウト作業は大変です。

製作のヒント
木片ブロックは正立方体ではないものを選びます。ウレタンは厚めのほうが型はめの感触がよいようです。

作りかた

使うもの

材料
❶ウレタン
❷トレイ
❸ブロックを入れるケース
❹木片ブロック

道具
❺カッター

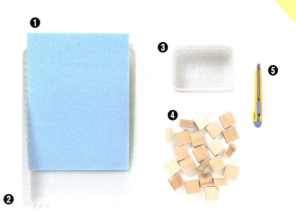

2 物を分ける [2]

1

ウレタンをトレイの大きさに切って、設置する面を決めます。

2

ウレタンの上の面となる部分に木片ブロックをさまざまな向きで置き、えんぴつで型をとります。見栄えにも気を使い、等間隔になるように配置しましょう。

3

カッターでウレタンに切り込みを入れ、カットアウトしていきます。細かい作業となるので慎重に行いましょう。角の部分は特にていねいにカットします。

4

木片ブロックで型はめを試行してみます。木片ブロックも大きさに多少誤差があるので、どのブロックでも型はめできるか確かめ、微調整したら完成です。

Chapter2
2-3
物を分ける
（分類・マッチング）

消しゴム型はめ

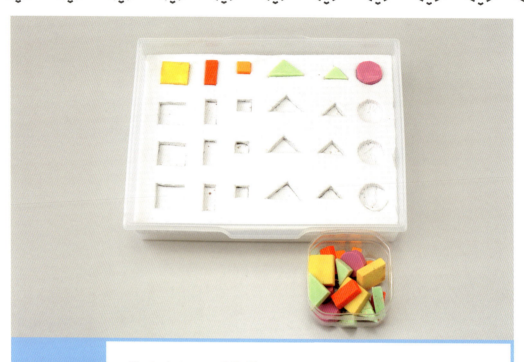

こんな人に、こんな子に
- ぴったりはまる感覚が好きな人に
- 消しゴムを扱う経験が少ない人に
- ○△□の見分けができる人に

課題の内容とゴール
手前のケースにさまざまな形の消しゴムがあります。奥の白いウレタンには消しゴムと同じ形、深さの型がくり抜いてあるので、同じ形の消しゴムをはめていきます。全部はめられたらゴールです。

よくあるミスアクションへの対応
消しゴムは柔らかくきれいなので、口に入れたり、砕いて遊んでしまう場合があります。その場合は印鑑マットのような固いゴムでも代用できます。

より難易度を高くする工夫
消しゴムの形をそれぞれ似たものにすると難しくなります。規則性を崩し、色々な向きに置けるようにしても難易度が上がります。

視覚的構造化から読み解くと
視覚的指示 手前のケースに消しゴムがあり、ウレタンに型がくり抜かれているので、はめるのだろうとわかります。
視覚的明瞭化 白いウレタンには型以外の情報がなく、色付き消しゴムとの差で注目しやすくなっています。
視覚的組織化 型にはめると深さもぴったり収まります。型は規則正しくくり抜かれています。

製作のヒント
薄いウレタンを重ねて作ります。上の1〜2枚のウレタンをカットアウトします。曲線は使わないほうがカットしやすいでしょう。

Chapter2

2-4 物を分ける（分類・マッチング）

横や裏までマッチング

こんな人に、こんな子に
- シンボルを見分けることができる人に
- アルファベットを見分けることができる人に
- 立方体を取り扱う経験が少ない人に

課題の内容とゴール
大きな立方体のブロックに文字やシンボルが描かれ、面ファスナーが貼ってあります。同じ文字やシンボルが書かれたカードを見つけてブロックに貼っていきます。平面だけでなく、「反対」「裏」「後ろ」等の要素を理解して貼ることができたらゴールです。

視覚的構造化から読み解くと
視覚的指示 ブロックの文字やシンボルと同じカードがあり、対応させるのだと理解できます。
視覚的明瞭化 ブロックの文字やシンボルは大きく単体で描かれていて目立ちます。
視覚的組織化 全てのブロックの全ての面に文字やシンボルが描かれ、一体感・共通感があります。

よくあるミスアクションへの対応
ブロックの裏に注意が向かず、カードを残してしまう場合があります。立方体の扱いに慣れていないようなら、まずは一対一活動で立方体は6面あること、そこにも文字やシンボルがあることを一緒に確認しましょう。

より難易度を高くする工夫
まだ覚えていない文字を使えば学習にも、類似するシンボルを使って細部を区別する練習にもなります。

製作のヒント
ブロックは大きなものを選びましょう。100円ショップなどでも入手できます。使う文字やシンボルは、本人のニーズに合わせて考えましょう。

Chapter2
2-5
物を分ける
（分類・マッチング）

〇△口分類
～ファイリングタスク版～

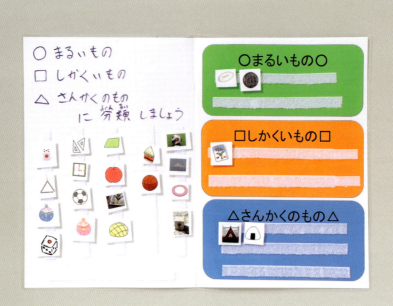

こんな人に、こんな子に
- 図形（丸・三角・四角）の概念が理解できる人に
- 図形の概念の般化を促進させたい人に
- 図形の違いをシンボルや写真で理解できる人に

課題の内容とゴール
左側には〇△口の形をしたシンボル・イラスト・実物の写真が、右側には分類枠があり、面ファスナーで貼れるようになっています。正しく分類できたらゴールです。

視覚的構造化から読み解くと
視覚的指示 文字による指示に加え、何をどこに貼るのかが枠で囲われていて明確です。
視覚的明瞭化 分類する先が色枠で示され、それぞれの枠が違うことが一見してわかります。
視覚的組織化 分類が完成すると枠の中にぴったりと収まります。

よくあるミスアクションへの対応
形の概念が般化されていない人は、シンボルや実物の写真では分類できないことがあります。まずは〇△口の分類が明確なものの「線画」から始め、少しずつ実物の写真を混ぜていくという方法もあります。

より難易度を高くする工夫
般化を促進させたいので、実物の写真を増やします。また、完全な〇△口でなく微妙な形のものも交ぜていきましょう。

製作のヒント
素材の写真は、普段使うものなど、身の回りにある形を撮影します。それをプリントし、必要な部分をカットしてラミネートすると、カードを作成できます。

44

Chapter2
2-6
物を分ける
（分類・マッチング）

○△□分類
~紙粘土版~

こんな人に、こんな子に

- 図形の概念が理解できる人に
- 図形を立体的な形で理解できる人に
- 図形の微妙な形の違いを理解できる人に

課題の内容とゴール
手前のケースには立体の○△□（紙粘土で作ったもの）がバラバラに入っています。3種類の形を、指示されたケースの中に分類していきます。全ての形を分類できたらゴールです。

視覚的構造化から読み解くと
視覚的指示 分類先のケースには、何を入れるかがシンボルで指示されています。
視覚的明瞭化 分類先のケースが独立し、明確に分けることができます。
視覚的組織化 トレイに全てのケースが収まり、1つのタスクとして認識できます。

よくあるミスアクションへの対応
立体の○△□は手作りなので、全て微妙に違う形です。このため、般化が促されていないと分類できない場合があります。始めはなるべく典型的な形のものを作り入れておくとよいでしょう。

より難易度を高くする工夫
般化の促進を促すため、楕円・変形三角・長い直方体など微妙な変化をつけたり、さまざまな大きさを混ぜてみましょう。

製作のヒント
紙粘土は乾くと表面が粉っぽくなりますが、ニスを二度塗りするとツヤツヤになり、触りごこちが変わります。形ごとに紙粘土の色を変える方法もあります。

物を分ける [5・6]

45

Chapter2
2-7
物を分ける
（分類・マッチング）

長さでマッチング

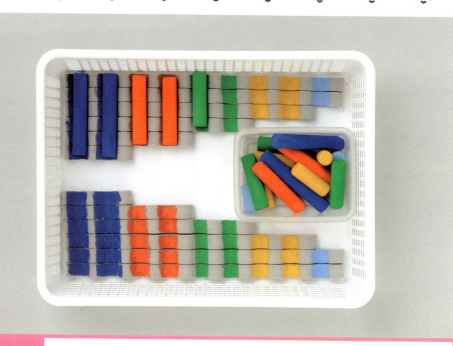

こんな人に、こんな子に
- ■ 「長さ」の違いが理解できる人に
- ■ 簡単な動作で達成感を得たい人に
- ■ 色の違いが理解できる人に

課題の内容とゴール
トレイの中に幅の異なる波状のマットが敷かれています。そのマットと同じ長さの棒を見つけて置いていきます。マットは着色されているので、色の分類ができる人は色も正しく合わせて置くことができたらゴールです。

視覚的構造化から読み解くと
視覚的指示 マットの形状が波状で、隣との境界線と、置くべき長さが伝わりやすくなっています。
視覚的明瞭化 明確な色と長さで迷うことなく分類できます。
視覚的組織化 波状マットはトレイに固定され、長い順に整然と並んでいます。

よくあるミスアクションへの対応
長さを意識する課題なのに、長さを意識せずに、単に棒を置くだけになってしまうことがあります。この場合、まずは大きい棒と小さい棒の2種類から始め、次に中間の長さを置いてもらいましょう。

より難易度を高くする工夫
あえて中途半端な長さの棒をダミーとして混ぜておくと、考える時間を作ることができます。

製作のヒント
棒の色は絵の具で塗りましょう。波状マットはホームセンターのDIYコーナーなどで手に入ります。トレイにぴったり入るサイズにすると、課題に取り組む人も気持ちがよいです。

Chapter2
2-8 物を分ける（分類・マッチング）

柔らかカップ重ね置き

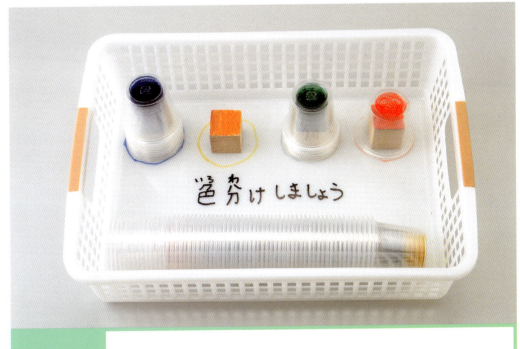

こんな人に、こんな子に
- 色の違いが理解できる人に
- 物を重ねる体験が少ない人に
- 柔らかい物を扱う体験が少ない人に

課題の内容とゴール
手前に重ねて置かれたビニールカップの底には、それぞれ色が塗ってあります。奥に固定されている同じ色のブロックに次々と重ねていき、全ての分類ができたらゴールです。

視覚的構造化から読み解くと
視覚的指示 ブロックとカップに同じ色が塗られ、同色を合わせて置くのだとわかります。
視覚的明瞭化 カップが透明なため、重ねても下のカップの色が見えるようになっています。
視覚的組織化 4色ブロックは均等に並べられ、動かないようトレイに固定されています。

よくあるミスアクションへの対応
色を意識せずに重ねてしまう場合があります。重ねることだけを課題の目的とするなら、色はなくてもいいでしょう。

より難易度を高くする工夫
重ねる動作と合わせ、色の分類ではなく文字や絵などの分類にもできます。その人にとって身に付けたい分類の要素を盛り込みましょう。

製作のヒント
カップは比較的小さなものを選ぶとかさばりません。ブロックはトレイの裏からねじで固定しましょう。

Chapter2
2-9
物を分ける
（分類・マッチング）

模様を合わせてアルバム作り

こんな人に、こんな子に
■ 複雑な模様の違いを意識できる人に
■ きれいなアルバムを見るのが好きな人に
■ アルバムを作る体験をしたい人に

課題の内容とゴール
ラミネートされた冊子の各ページに、見本となる模様が描かれています。ケースの中から同じ模様のカードを見つけ出し、面ファスナーで貼っていきます。全てのページに同じ模様のカードを貼ることができたらゴールです。

視覚的構造化から読み解くと
視覚的指示 各ページに模様の見本があり、同じ模様を探すという指示になっています。
視覚的明瞭化 複雑で似た模様もあるので、明確に区別できるよう、似た模様が続かないようにしています。
視覚的組織化 1ページに1つの模様が示され、貼る模様のカードは全てケースに収まっています。

よくあるミスアクションへの対応
面ファスナーに気をとられ、模様を意識せず適当に貼ってしまうことがあります。複雑な模様を意識しにくい人には「色」のみにしたり、形や大きさを統一してみましょう。

より難易度を高くする工夫
模様の種類やページを増やすほど難しくなります。対応できる人なら、これらを増やしてみてもよいでしょう。

製作のヒント
絵画活動の貼り絵で余った模様つき折り紙を再利用しています。完成時にきれいに見える位置に面ファスナーを貼りましょう。

48

Chapter2

2-10

物を分ける
（分類・マッチング）

タイルの色分け

2 — 物を分ける ［9・10］

こんな人に、こんな子に

- タイルなど陶器に触れる経験のない人に
- 陶器の感触が好きな人に
- きれいに並べることが好きな人に

課題の内容とゴール
2つの木枠にはそれぞれ色のシートが敷いてあるので、対応する色のタイルを選んで置いていきます。木枠にぴったり収まるように、全てのタイルを置ければゴールです。

視覚的構造化から読み解くと
視覚的指示 木枠にタイルと同色のシートが敷かれているので、どのタイルを置けばよいかわかります。
視覚的明瞭化 色が似ていても、木枠が独立し離れているので見分けやすくなっています。
視覚的組織化 木枠の縦横にぴったりとタイルが収まります。

よくあるミスアクションへの対応
色の分類の意識がないと、色を混ぜて置いてしまう場合がありますが、この課題の第一の目的は、タイルや陶器に慣れることなので、タイルをぴったりはめるだけの課題にしてもOKです。

より難易度を高くする工夫
タイルの数を増やすと難易度を上げることができます。その場合、トレイや木枠も大きいものを改めて作成しましょう。

製作のヒント
タイルは100円ショップのインテリアコーナーなどで入手可能です。木枠は、課題に使う数のタイルを並べて置いてみて、内側にぴったり収まるサイズにしてからつなげましょう。

49

Chapter2
2-11
物を分ける
（分類・マッチング）

これは何色?
~スタンドプレート版~

こんな人に、こんな子に
- 色の概念がある人に
- 文字が読めて、その意味を理解できる人に
- 物と色の概念を結び付けることができる人に

課題の内容とゴール
手前に、ひらがな・カタカナで書かれた「物」のカードがあります。「物」の色を想像し、奥にある各色のスタンドプレートに貼り付けます。全てのカードの「物」を色で分類して貼り付けることができたらゴールです。

視覚的構造化から読み解くと
視覚的指示 プレートの色でカードの「物」の色のイメージを分類することがわかります。
視覚的明瞭化 分類する4色は、明確に区別でき迷わないような色を選んであります。
視覚的組織化 プレートの4色は一つひとつが独立した枠になっています。

よくあるミスアクションへの対応
言葉で提示した場合、物の色の捉え方は人によってさまざまです。例えば、トウモロコシだと外は緑で中は黄色です。この場合はどちらも正解。本人がどこに注目しているのかを知ることができます。

より難易度を高くする工夫
概念的な物（空、海など）を増やすと難易度が上がります。本人の理解できる範囲内で増やしていきましょう。

製作のヒント
上のプレートは塗装していますが、折り紙を貼ってもよいでしょう。このようなスタンド状の立体的課題は机で取り組む時に注目しやすくなり、おすすめです。

Chapter2
2-12
物を分ける
（分類・マッチング）

この職員はだれ？

こんな人に、こんな子に
- 職員の名前がなかなか覚えられない人に
- 職員の名前を当てるのが好きな人に
- 職員の名前のひらがながわかる人に

課題の内容とゴール
施設の職員たちがさまざまな姿やポーズで写真に写っています。その職員の名前をカードで選んで貼り付けます。全ての写真に貼ることができたらゴールです。

視覚的構造化から読み解くと
視覚的指示　写真の下部に面ファスナーが貼ってあり、そこにカードを貼るのだとわかります。
視覚的明瞭化　1枚の写真に1人の職員だけが登場するので、名前を選択しやすくなっています。
視覚的組織化　写真が等間隔で並ぶようファイリングしてあり、取り組みやすくなっています。

よくあるミスアクションへの対応
適当にカードを貼り付けてしまう場合、ひらがな理解できないのか、写真が理解できずマッチングできないのか見極めましょう。文字がわからない人には、一対一活動で「この人誰?」と答えてもらう課題にもできます。

より難易度を高くする工夫
職員が写真に小さく写っていたり、他の物に紛れているような写真を用意すると、人に注目する練習にもなります。

製作のヒント
実際の生活場面で活かせるよう、さまざまなポーズや服装、顔が写っていない写真などを多めに用意し、さらに増やせるようにしておきましょう。

Chapter2

2-13

物を分ける
（分類・マッチング）

名札の色分類

こんな人に、こんな子に

- 色の分別ができる人に
- 引っかける動作を練習したい人に
- ぴったり収まる感覚が好きな人に

課題の内容とゴール

木の板にL字のフックねじがついています。フックには見本となる名札が下げられています。手元のケースの名札を、見本と同じ色に分けながら引っかけていきます。名札を分類し全てかけることができたらゴールです。

視覚的構造化から読み解くと

視覚的指示 見本がかかっているので、どこに何色の名札を引っかければよいかがわかります。

視覚的明瞭化 木の板・フックねじ・見本以外の情報がなく、名札の色ははっきりした違いがあります。

視覚的組織化 全ての名札をかけると、全てのフックがちょうどいっぱいになるようにしています。

よくあるミスアクションへの対応

色を意識しないで取り組んでしまう場合があります。それでも全てかけることはできるので、ゴール時のぴったり感は味わえます。分類要素を付加し、各色に好きな食べ物（例「黄色はカレー」）などのイラストを入れたりすると、分類の意識が引き出せます。

より難易度を高くする工夫

カラーコピーをラミネートして、穴あけパンチで穴を空ければより多くのカードを用意できます。

製作のヒント

100円ショップの名札は作りがシンプルで、色以外の余計な情報がないので使いやすい製品です。土台となる木の板は、直角に組み合わせると立体感が出て目につきやすくなります。

Chapter2
2-14
物を分ける
（分類・マッチング）

カード型はめ

こんな人に、こんな子に
- 形や色の分類が理解できる人に
- 形の向きを意識できる人に
- ぴったり型にはまる感覚が好きな人に

課題の内容とゴール
手前のケースに入っているさまざまな形のカードを、奥のカットアウト（型抜き）されたウレタンの型に次々とはめていきます。向きも意識しないとはまりません。全てのカードをはめることができたらゴールです。

視覚的構造化から読み解くと
視覚的指示 型の中には見本が敷いてあるので、同じ色と形のカードをはめると理解できます。
視覚的明瞭化 形ごと着色されていて、ウレタンの色にはめると形の違いが目立ちます。
視覚的組織化 カードが型にすっぽり入り全て入れてもあふれない程度の高さになるようにしてあります。

よくあるミスアクションへの対応
形の違いは理解できても、向きが理解できず、無理やりはめようとする場合があります。向きの理解が難しい場合は、単色ではなく、カードの着色をグラデーションにすると理解しやすくなります。

より難易度を高くする工夫
グラデーションを取り除くと難易度が上がります。パズル的な要素が加わり、達成感が大きくなります。

製作のヒント
カードは、形や色が完全に同じものを多く作るのでパソコン作成が便利です。ウレタン型の大きさより若干小さく切り揃えるとすっぽりはめることができます。

Chapter2
2-15
物を分ける
（分類・マッチング）

模様でマッチング

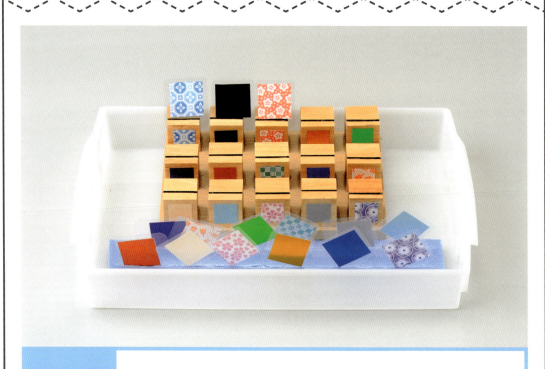

こんな人に、こんな子に
- 複雑な模様の見分けがつく人に
- 立体的に収めることが好きな人に
- 小さなカードを扱い、挿し込む動作のできる人に

課題の内容とゴール
トレイの内部に模様が描かれたブロックが貼り付けてあります。一方、手前の青いウレタンには、さまざまな模様のカードが挿さっています。同じ模様のカードを見つけて、ブロック上部の切り込みに挿します。全てのカードが挿されればゴールです。

視覚的構造化から読み解くと
視覚的指示 切り込みのあるブロックとカードに同じ模様があり、カードを挿すのだとわかります。
視覚的明瞭化 模様は複雑ですが、ブロック1つに1種類しか示さないので、注目しやすくなっています。
視覚的組織化 ブロックは整然と並べられ、カードも手前に挿され、つまみやすくセットされています。

よくあるミスアクションへの対応
カードが小さくてつまめなかったり、落としてなくしたり、上部の切り込みにうまく挿せない場合があります。微細運動が主題ではないので、ブロックを大きくしたり、挿し込みではなく貼り付けるようにすることもできます。

より難易度を高くする工夫
模様を漢字やアルファベットにするなど、マッチングを活かして新たな事象の習得をすることもできます。

製作のヒント
既に切り込みの入ったカード立てのブロックも100円ショップ等で扱われています。木のブロックに切り込みを入れて自作することもできます。

Chapter2

2-16 ぴったりジョイントマット

物を分ける（分類・マッチング）

こんな人に、こんな子に
- 色の分類ができる人に
- 凹凸を意識したり、長さを意識できる人に
- ぴったりはまる感触が好きな人に

課題の内容とゴール
トレイにさまざまな色・長さのジョイントマットが貼り付けられています。ケースから色と長さが同じジョイントマットを見つけ、はめます。全てのパーツの色と長さがぴったりはまっていればゴールです。

よくあるミスアクションへの対応
色は意識できても長さを意識できない場合、まずは同じ長さのマットから始め、徐々に長さの種類を増やすなどのアレンジができます。

より難易度を高くする工夫
長さの種類を増やすほど難しくなります。ダミーとして長さの合わないマットをいくつか入れておくと、さらに難易度が上がります。

視覚的構造化から読み解くと
視覚的指示 多種の色・長さのマットがトレイ内とケースにあり、同種を組み合わせるとわかります。
視覚的明瞭化 マットは色が目立ちやすい木目シートに、離して貼り付けられ、見分けやすくなっています。
視覚的組織化 マットは固定されており、凹凸のかみ合わせがぴったりとはまります。

製作のヒント
ジョイントマットはホームセンター等にもありますが、100円ショップのもののほうが比較的薄手で、ハサミで加工しやすいでしょう。

Chapter2
2-17
物を分ける（分類・マッチング）

この人のカギはどれ？

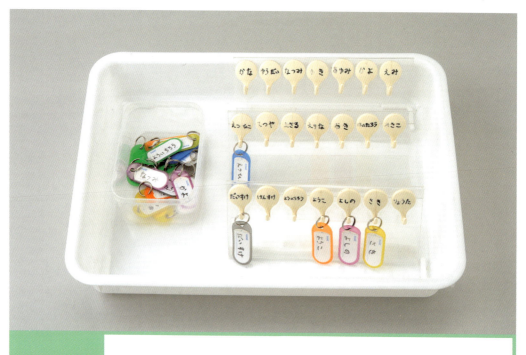

こんな人に、こんな子に
- ひらがながわかる人に
- 家事スキル・余暇スキルを身に付けたい人に
- 引っかける動作を練習したい人に

課題の内容とゴール
スタンドプレートに名前が書かれたフックがついています。左のケースの中から同じ名前のキーホルダーを見つけ、フックに引っかけていきます。全てかけ終えたらゴールです。

視覚的構造化から読み解くと
視覚的指示 フックとキーホルダーに名前が書かれ、同名で組み合わせることがわかります。
視覚的明瞭化 白いフックに黒いペンで名前を表示し、名前の字を目立たせています。
視覚的組織化 プレートはトレイに固定され、等間隔でフックがついています。

よくあるミスアクションへの対応
名前を読まずにランダムに引っかけてしまう場合があります。文字の認識が弱い場合は、シンボルやキャラクターなど、本人がわかるものでマッチングしてもらいましょう。

より難易度を高くする工夫
マッチングスキルが身に付けば、漢字やアルファベットといった難しいことも学習できる可能性があります。

製作のヒント
家族や先生など、本人がかかわっている周囲の人の名前を入れると親近感が出ます。キーホルダーも、普段実際に使っているものを使うと生活に応用できます。

Chapter2
2-18

物を分ける
（分類・マッチング）

色マグネットのマッチング

2 物を分ける ［17・18］

| こんな人に、こんな子に | ■ 色の分類ができる人に
■ マグネットのくっつく感じが好きな人に
■ マグネットの扱いを経験してもらいたい人に |

課題の内容とゴール
小さめのホワイトボードの上半分に、色ペンでしるしがつけられています。しるしと同じ色のマグネット（ボードの下半分）を、しるしの上にくっつけていきます。全てのしるしがマグネットで埋まったらゴールです。

視覚的構造化から読み解くと
視覚的指示　マグネットと同じ色で描かれたしるしがあり、そこにマグネットを置くことがわかります。
視覚的明瞭化　色の種類に曖昧さはなく、はっきり区別ができるようになっています。
視覚的組織化　1枚のホワイトボード内に全ての作業部品・指示が収まっています。

よくあるミスアクションへの対応
色を意識しないでマグネットをくっつける場合があります。マグネットの扱いを主題に置くなら、色分けの要素は省き、1色で行ってもよいでしょう。

より難易度を高くする工夫
色だけでなく大きさや形の分類の要素まで組み込むことができます。違うタイプのマグネットを用意し、その形に応じたしるしを描いておくことでバリエーションが増えます。

製作のヒント
ホワイトボード・マグネットは100円ショップでも手に入ります。マグネットの種類は豊富にありますが、余計な刺激にならないようシンプルなものを選びましょう。

57

Chapter2

2-19
物を分ける
（分類・マッチング）

スポーツのマッチング

こんな人に、こんな子に
- スポーツの種類がわかる人に・教えたい人に
- 柔らかい物の扱いができる人に
- イラストの細部を見分けることができる人に

課題の内容とゴール
あるスポーツ名が書かれたブロックの周りに、そのスポーツのイラストが描かれたブロックが積まれています。ブロック上部には穴が空いており、旗が挿せるようになっています。手前の旗のイラストとマッチングして、全ての旗を穴に挿せたらゴールです。

視覚的構造化から読み解くと
視覚的指示 ブロックと旗のイラストが同じなので、マッチングするのだと理解できます。
視覚的明瞭化 挿した時に全ての旗が見やすいよう、旗竿の長さが調整してあります。
視覚的組織化 ブロックの山は1つのスポーツのまとまりになっており、カテゴリーで理解ができます。

よくあるミスアクションへの対応
マッチングが理解できず、旗を適当に挿すだけになることがあります。まずは、1つのブロックの山から始めて、徐々に増やす方法もあります。

より難易度を高くする工夫
イラストを見てどのスポーツか分類するファイリングタスク形式の課題を作り、スポーツの知識を発展させることができます。

製作のヒント
ブロックの穴は電動ドリルまたはキリで空けます。旗がしっかり挿せるか、挿したときの長さが均一になるか、試しながら空けていきましょう。

Chapter2
2-20

物を分ける
（分類・マッチング）

動物シンボルのマッチング

| こんな人に、こんな子に | ■ 動物の名前がわかる人に
■ 動物が好きな人に
■ クリップに挿す動作を練習したい人に |

課題の内容とゴール
動物の絵が描かれたカードがプラシートに貼ってあります。手前にある動物の名前が書かれたカードから、絵に対応したカードを見つけ、絵のクリップに挿していきます。全てのカードに挿すことができたらゴールです。

視覚的構造化から読み解くと
視覚的指示 動物の絵のカードの下にクリップがあり、名前のカードはそこに挿すのだとわかります。
視覚的明瞭化 黄色いプラシートに背景が白の絵を貼ることで、浮き立ち目立つようになっています。
視覚的組織化 絵もカードも立体的に提示され、視界から逸れにくくなっています。

よくあるミスアクションへの対応
文字が理解できないと、適当に挿してしまいます。その場合、同じ絵のマッチングから始め、徐々に文字のカードを加えると、最終的に文字だけにすることができます。

より難易度を高くする工夫
文字を英語に変えたり、同じ動物の絵でも毎回違うイラストにしたり、実物の写真にすることで般化が促進されます。

製作のヒント
プラシートは薄手のものを選び、下部を後ろに折り込み立たせて立体感を出しましょう。クリップは小さいと曲がってしまうので、特大のものを選びましょう。

Chapter2
3-1 物を入れる（プットイン）

ピンポン玉をプットイン

こんな人に、こんな子に
- 大きな動作のプットインを取り入れたい人に
- ピンポン玉に触れる経験が少ない人に
- 「いっぱい」「満たん」の理解を促すために

課題の内容とゴール
奥に長さの異なる筒状の容器があります。容器に手前のピンポン玉を入れていき、それぞれ数個入れるといっぱいになります。全てのピンポン玉が容器いっぱいに入ったらゴールです。

視覚的構造化から読み解くと
視覚的指示 空の筒状の容器があり、ピンポン玉を入れるのだろうとわかります。
視覚的明瞭化 筒状の容器は透明で、オレンジのピンポン玉がたまる様子がわかりやすくなっています。
視覚的組織化 容器はピンポン玉がぴったり入る直径で、いっぱいになると高さもそろいます。

よくあるミスアクションへの対応
ピンポン玉で遊んでしまう場合があります。ピンポン玉への接近も主題のひとつなので、「完成したら遊べる」というように、遊びをご褒美にするのもよいでしょう。

より難易度を高くする工夫
筒状の容器を増やしたり、長くすると易度が上がります。また、机から離れた場所に筒状の容器を置くことで粗大運動の自立課題にもできます。容器にたまっていくことが楽しくなるといいですね。

製作のヒント
ピンポン玉がたまっていく様子を見せたいので、クリアファイルは透明で無地のものを選びましょう。

作りかた

使うもの

材料
❶トレイ
❷クリアファイル（書類を挟む袋状のもの）
❸ピンポン玉
❹ピンポン玉を入れるケース

道具
❺テープ
❻油性ペン
❼ハサミ

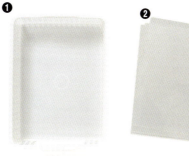

1

クリアファイルの綴じてある部分を切り開いて1枚に広げ、ピンポン玉が入る太さに合わせて巻きつけ、テープで留めます。余った部分は切り落とします。

2

1に、ピンポン玉を入れながらちょうど良い高さの位置で印をつけ、切り落とします。

3

筒の状態が固定されるようテープでしっかり補強し、トレイにテープで留めます。一度厚紙やダンボールに貼ってからトレイに置いてもよいでしょう。

4

ピンポン玉がスムーズに入るかどうか試しながら微調整したら完成です。

Chapter2
3-2 物を入れる（プットイン）

モールをストローにプットイン

こんな人に、こんな子に
- 難易度の高いプットインを求める人に
- 微妙な力加減のコントロールができる人に・練習するために
- 色の区別ができる人に

課題の内容とゴール
紙粘土に固定されているストローに、同色のモールを挿し込んでいきます。モールのほうが太く見えますが、まわりの毛は柔らかいので、細いストローにも入ります。根元まで挿し込み、全てのストローに入ったらゴールです。

視覚的構造化から読み解くと
視覚的指示　モールはストローと同じ直線で、長さも似ているので、穴に挿していくことがわかります。
視覚的明瞭化　ストローに類似する色はなく、どれもはっきり分類できるようになっています。
視覚的組織化　ストローは等間隔で固定され、モールを挿し込むと上から約1cm出るようになっています。

よくあるミスアクションへの対応
ストローの穴に挿すことが理解できず手が止まってしまうことがあります。最初は見本を1本作っておくと理解しやすいです。太めのストローから始めてもいいでしょう。

より難易度を高くする工夫
モールがぐにゃぐにゃと曲がりやすいほど難しくなります。ストローも折れやすいので、ゆっくりじっくり挿す力加減が必要になります。

> **製作のヒント**
> モールは、毛の多いものを選ぶと挿し込んでいく時の抵抗があり、達成感が増します。

62

作りかた

使うもの

材料
① トレイ
② ストロー
③ モール
④ ケース
⑤ ソフト紙粘土

道具
⑥ ハサミ

1

ソフトタイプの紙粘土にストローを挿していきます。収納しやすさを考えると、長すぎないほうが無難です。

2

紙粘土が乾くまで、一晩寝かせます。

3

各色のモールを、ストローの深さより約1cm長くカットします。上から少しはみ出さないと、取れなくなってしまいます。

4

長さに問題がないか、挿して試行してみます。

Chapter2
3-3
物を入れる（プットイン）

ストローをフックにプットイン

こんな人に、こんな子に
- 2つの穴を意識したプットインにチャレンジしたい人に
- プットイン課題のバリエーションを増やしたい人に
- 奥行と立体感のあるプットインにチャレンジしたい人に

課題の内容とゴール
木の板が立体的に提示されています。木の板にはフックねじが打たれ、上下にラインが描かれています。手元のストローを、2つのフック穴を通しながら上から挿し込みます。全て挿し込めたらゴールです。

視覚的構造化から読み解くと
視覚的指示　上下に引かれたラインで、まっすぐなストローを縦に挿し込むことがわかります。
視覚的明瞭化　フックねじの穴とライン以外の刺激はなく、余分な情報が入らないようにしています。
視覚的組織化　等間隔で、重力に従って下まで挿さるようになっています。

よくあるミスアクションへの対応
上の穴にしか注目できず、下のフックを通っていない場合があります。一見すると完成に見えるのでミスに気づかないこともあります。一対一活動で下のフックにも通すことを教えてから、自立課題に向かうとよいでしょう。

より難易度を高くする工夫
上下のフックの間隔を離すほど難しくなります。2つのフックを斜めに挿せるように設置するのもよいでしょう。

製作のヒント
木の板は100円ショップでも購入できますが、もろいこともあるので、フックねじを挿す時は気をつけましょう。ミニサイズのストローならカットの手間が省けます。

Chapter2

3-4 小さなグラスにプットイン

物を入れる（プットイン）

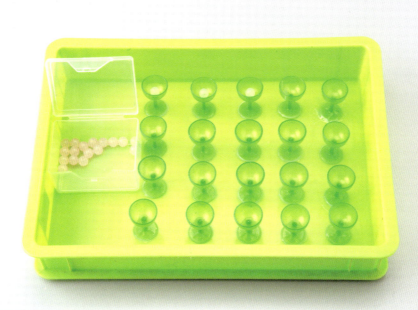

こんな人に、こんな子に
- 小さな物をつまむスキルのある人に
- 机に向かって取り組む活動を練習し始めた人に
- きれいな色のビーズが好きな人に

課題の内容とゴール
トレイの上に小さなグラスが並んでいます。左のケースの中にある小さなビーズを1つずつグラスに入れていきます。全てのビーズを乗せたらゴールです。

視覚的構造化から読み解くと
視覚的指示 ビーズが1個だけ入るサイズのグラスが並び、1個ずつ乗せることがわかります。
視覚的明瞭化 ビーズはグラスの色とは違う色になっていて、どこに入れたかが目立ちます。
視覚的組織化 小さなグラスはトレイに固定されています。

よくあるミスアクションへの対応
小さなビーズをつまむスキルがないと落としてしまいます。グラスの中に入れるのが主題なので、小さな球状の物の扱いが難しい場合は、立方体のブロック状の物から始めてもよいでしょう。

より難易度を高くする工夫
ビーズが小さいほど難しくなります。また、グラスとビーズに数字を書き、数字を合わせて入れる課題にも発展できます。

製作のヒント
グラスは100円ショップのおもちゃコーナーに、ビーズは裁縫のコーナー等にあります。グラスは、ペットボトルのキャップでも代用できます。

Chapter2
3-5 物を入れる（プットイン）

異なる角度でプットイン

こんな人に、こんな子に
- 異なる角度からプットインができるようになるために
- ぴったりはまる感覚が好きな人に
- 小さな部品をつまむことができる人に

課題の内容とゴール
トレイにあるジョイント（園芸支柱パイプのクロス用を利用）には、角度の異なる2つの隙間があります。その隙間に手前の発泡スチロール製のスティックを挿し込んでいきます。全てのスティックを挿し込んだらゴールです。

よくあるミスアクションへの対応
ジョイントはトレイに固定されていますが、変わった形なので手に取ろうとしてしまうかもしれません。形が刺激的すぎて、この課題が向かない人もいます。

より難易度を高くする工夫
ジョイントをさまざまな向きで固定すると、挿し込む角度のバリエーションが増えて難易度が上がります。

視覚的構造化から読み解くと
視覚的指示 スティックとジョイントはほぼ同じ太さで、ジョイントの隙間から挿し込むとわかります。
視覚的明瞭化 緑色のジョイントに白いスティックをはめ込むので、作業時に隙間が見やすくなっています。
視覚的組織化 同サイズのジョイントが整然と並んで設置されています。

製作のヒント
パイプのジョイントはホームセンターや100円ショップの園芸コーナー、発泡のスティックは工作コーナーにあります。スティックは太いストローでも代用できます。

Chapter2
3-6
物を入れる
（プットイン）

木枠を選んでプットイン

こんな人に、こんな子に

- 積み木が好きな人に
- 形の違いを認識できる人に・認識できるようになるために
- ぴったりはまる感覚が好きな人に

課題の内容とゴール

木枠で囲われた2つの容器があります。2つの容器には、それぞれに合う形のブロックしか入らないので、手前のケースからブロックを選び、積んだり並べたりしていきます。全てのブロックを入れ、ぴったり収まればゴールです。

視覚的構造化から読み解くと

視覚的指示　木枠の中に空間があり、そこにブロックを入れるのだろうとわかります。

視覚的明瞭化　左の木枠とブロックにはマークがあり、どの向きで入れるかが推察しやすくなっています。

視覚的組織化　木枠はブロックがぴったり入るサイズに調整され、全て入れた時、枠と高さが揃います。

よくあるミスアクションへの対応

間違って入れてしまうようであれば、ブロックと木枠に同色を塗ったり、最初は1種類の木枠とブロックの組み合わせで取り組み、慣れたら増やしてみましょう。

より難易度を高くする工夫

どちらの木枠にもはまらないブロックを混ぜて提供すると形を見極める工程が加わるので難しくなります。

製作のヒント

ブロックは100円ショップの既製品ですが、木枠はかまぼこ板などを使用しても製作できます。ブロックに合わせて木枠を作りましょう。

Chapter2
3-7
物を入れる
（プットイン）

綿棒のプットイン
～プラダン版～

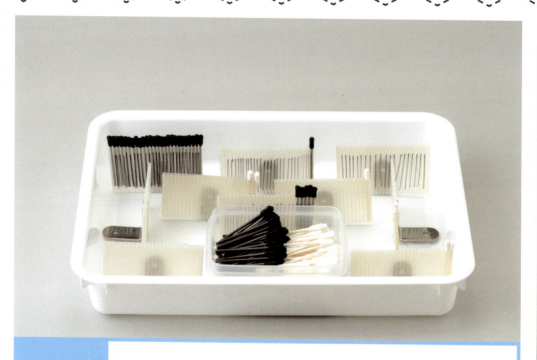

こんな人に、こんな子に
- 挿し込むことで達成感を感じられる人に
- 比較的長時間、細かい動作を継続できる人に
- 自立課題で作業性を高めたい人に

課題の内容とゴール
プラスチック製段ボール（プラダン）をカットしたものがトレイに立体的に固定されています。手前のケースの黒い綿棒は黒いラインのプラダンへ、白い綿棒は無色のプラダンへ挿し込みます。綿棒を全て挿し込んだらゴールです。

よくあるミスアクションへの対応
耳や鼻の感覚刺激のある人は、自分の耳や鼻に綿棒を入れて楽しんでしまう場合があるので、この課題は不向きです。また、プラダンは分かれているので、作業量が多過ぎる場合は減らしましょう。

視覚的構造化から読み解くと
視覚的指示 プラダンの隙間はちょうど綿棒が入るサイズで、手前の綿棒を挿し込むと理解できます。
視覚的明瞭化 黒い綿棒は黒いラインの、白い綿棒は無地のプラダンに挿すよう強調されています。
視覚的組織化 綿棒は片方の先端がカットされ挿し込みが楽です。挿し込むと全て先端だけ出ています。

製作のヒント
色分類も要素に入れましたが、作業性を重視する課題なので1色でもOKです。プラダンは、片端を落とした綿棒を挿し込むと、もう片方の綿棒の先端が出る高さにカットします。立体的に置くためには、L字の隅金具を使いましょう。

Chapter2
3-8
物を入れる（プットイン）

綿棒のプットイン
～糸巻き版～

3 物を入れる［7・8］

こんな人に、こんな子に
- 初めてプットインに取り組む人に
- 短時間しか机に向かえない人に
- 成功体験の少ない人に

課題の内容とゴール
トレイに糸巻きが固定されています。その真ん中の穴に綿棒を挿し込んでいきます。黒い綿棒は黒い糸巻き、白い綿棒は黄色い糸巻きに挿し込みます。全部挿すことができたらゴールです。

よくあるミスアクションへの対応
プットインの基礎を学ぶことができる自立課題ですが、綿棒を耳や鼻に入れてしまう人には提供できません。

より難易度を高くする工夫
綿棒をストローに替え、ダミーとして太くて入らないストローを入れておくと難易度が高くなります。

視覚的構造化から読み解くと
視覚的指示 糸巻きに穴が空いているので、手元の綿棒を挿すのだろうとわかります。
視覚的明瞭化 糸巻きの真ん中に目立つ穴が空いているので注目しやすいです。
視覚的組織化 糸巻きが整列してトレイに固定されています。

製作のヒント
色分けの要素は必須ではないので、綿棒と糸巻きは同色でもかまいません。糸巻きを手に取ろうとすることもあるので、トレイに接着しましょう。

69

Chapter2
3-9
物を入れる
（プットイン）

製氷皿にプットイン

こんな人に、こんな子に
- 隙間が嫌いで、ぴったり埋まる形が好きな人に
- カラフルな色・かわいい形が好きな人に
- 形の向きを意識できる人に

課題の内容とゴール
いろいろな形の製氷皿があります。つまようじが刺さったソフト紙粘土（乾いてもある程度の柔らかさを保つ紙粘土）を、製氷皿の型を見極めながらはめていきます。全てはまったらゴールです。

視覚的構造化から読み解くと
視覚的指示　製氷皿の型と同じ形のソフト紙粘土があるので、合わせて挿し込んでいくとわかります。
視覚的明瞭化　形の種類ごとに色分けされており、違いが区別しやすくなっています。
視覚的組織化　製氷皿は明確に区切られた境界になっていて、ソフト紙粘土がぴったり隙間なく入ります。

よくあるミスアクションへの対応
ソフト紙粘土の色によっては、小さな子どもにはおいしそうに見え、お菓子と間違えて口に入れてしまう場合があるので注意が必要です。地味な色に揃える方法もあります。

より難易度を高くする工夫
つまようじをつけないと、はめるのに多少コツが必要になります。また、小さい氷を多く作れる製氷皿を選べば、数多くのプットインができます。

製作のヒント
製氷皿は、明確な境界、画一的な空間、種類も豊富と、自立課題に使いやすい素材です。製氷皿にソフト紙粘土を詰め、一晩寝かせて作りましょう。

Chapter2
3-10
物を入れる
（プットイン）

フックに横棒をプットイン

3 物を入れる［9・10］

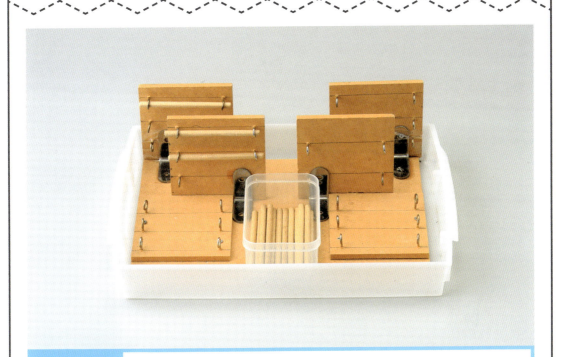

こんな人に、こんな子に
- 横から挿して穴を通す動きを取り入れたい人に
- 2つの穴を意識した少し難しいプットインにチャレンジしたい人に
- 奥行きと立体感のあるプットインにチャレンジしたい人に

課題の内容とゴール
立体的な木の板がトレイの上に固定されています。木の板に描かれたラインごとにフックねじが2つずつ打たれています。ラインに沿って、棒を横から2つのフックに通します。全ての棒を挿したらゴールです。

よくあるミスアクションへの対応
棒で遊んだり、折ってしまう場合があります。代替としてストロー等でもかまいませんので、その人に刺激が少ないものを選んで提供しましょう。

より難易度を高くする工夫
2つの穴の距離が離れるほど難易度は上がります。両手を使わないと難しくなるので、両手を同時に使う練習としても活用することができます。

視覚的構造化から読み解くと
視覚的指示　2つの穴の間にラインが描いてあり、ラインに従って棒を挿すのだろうとわかります。
視覚的明瞭化　フックを金色で目立つようにし、ラインは過剰な刺激とならない濃さで描かれています。
視覚的組織化　2つのフックねじは等間隔に打たれています。また掲示が立体的で、奥も見やすいです。

製作のヒント
棒は長いものを購入し、木の板の幅に合わせてカットします。カット後に紙やすりなどで端を丸くすると安全です。

71

Chapter2
3-11
物を入れる（プットイン）

ホースの棒通しプットイン

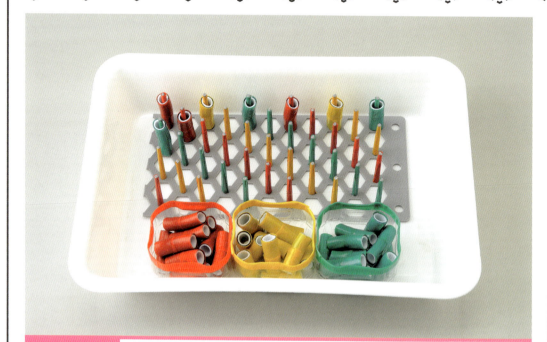

こんな人に、こんな子に
- ■「棒に通す」プットインにチャレンジしたい人に
- ■ 色分け分類ができる人に
- ■ ホースの形状を経験したい人に

課題の内容とゴール
突起物シート（市販の猫よけ用シートなどを使用）の突起物にカラーテープが巻かれています。突起物と同じ長さにカットされ、同じ色のテープが巻かれたホースを挿していきます。色分けができて全て挿し込めたらゴールです。

よくあるミスアクションへの対応
色を意識せずに挿し込んでしまう場合があります。主題はプットインなので、まずは単色で始め、徐々に色分けの要素を足していきましょう。

より難易度を高くする工夫
プットインの要素は比較的すぐにクリアできる傾向があるので、色を増やしたり、模様をつけて区別するなど、分類の要素を増やし難易度を上げましょう。

視覚的構造化から読み解くと
視覚的指示 細い突起物の棒と太いホースの穴があることから、そこを通すとわかります。
視覚的明瞭化 突起物とホースに同色テープが巻かれ、色の違いも明確なため間違えにくくなっています。
視覚的組織化 突起物は等間隔に並び、同色で整列しています。ホースも色別の容器に入っています。

製作のヒント
突起物シートは園芸用品コーナーなどで売られているようです。床にたくさん並べて、粗大運動を入れたプットインにもチャレンジできます。

Chapter2
3-12
物を入れる（プットイン）

ホースの針金通しプットイン

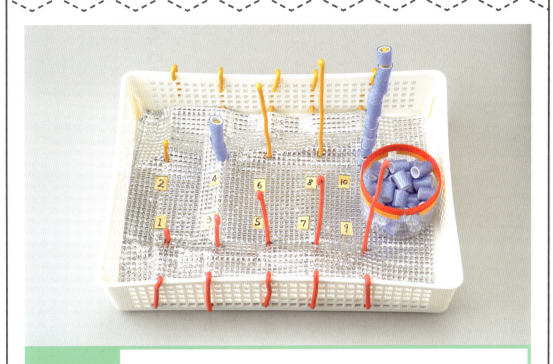

3 物を入れる［11・12］

こんな人に、こんな子に
- 「針金に通す」プットインにチャレンジしたい人に
- 数の概念を学ぶために
- 「いっぱい」「満たん」の理解を促すために

課題の内容とゴール
針金にゴムホースを通していきます。上まで通したらその針金はおしまい。次の針金に通していきます。全ての針金の上までホースが通ったらゴールです。数がわかる人は、トレイ内の数を見て、数えながら取り組んでもらいます。

視覚的構造化から読み解くと
視覚的指示　細い針金と太いホースがあるので、針金に通すのだろうとわかります。
視覚的明瞭化　数の指定と針金の長さ以外の刺激がほとんどありません。
視覚的組織化　針金が等間隔に設置され、トレイと一体になっています。

よくあるミスアクションへの対応
針金を曲げてしまう人がいます。曲がるから楽しくなってしまうのでしょう。この場合は、木やプラスチックの棒を加工して提供しましょう。

より難易度を高くする工夫
針金を全て長くし、指定された数のホースを入れることを主題にすることもできます。その際、1から順番にではなく、数をランダムに並べるとさらに難しくなります。

製作のヒント
針金は、なるべく太めのものを使いましょう。針金ハンガーをほどいてビニールテープを巻き、太くすることもできます。

Chapter2
3-13
物を入れる
（プットイン）

小さなチップのプットイン

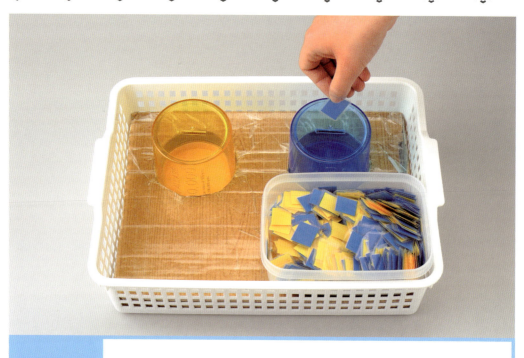

こんな人に、こんな子に
- プットイン課題を長時間できるようになるために
- 単純作業の繰り返しが得意で、安心してできるという人に
- マイカラー（安心できる色）をもっている人のリラックスのために

課題の内容とゴール
青色と黄色の容器の上部には、チップが縦に入る隙間があります。青と黄の小さなチップをそれぞれの色の容器に入れていきます。全てのチップを入れ終えたらゴールです。

視覚的構造化から読み解くと
視覚的指示 容器上部の隙間は細く、チップの向きを意識して入れる必要があることがわかります。
視覚的明瞭化 青・黄色以外の色要素がないので、注意が散らないようになっています。
視覚的組織化 容器は底が開きますが、トレイを底上げし容器下部を隠して開けないようにしています。

よくあるミスアクションへの対応
単純作業の繰り返しが得意な人と苦手な人がいるので、普段の様子をよく観察し、チップの量を加減して提供しましょう。

より難易度を高くする工夫
チップを小さくする、数を多くすることなどで難易度は高まります。作業性を高めるのが目的なので、最終的には容器がいっぱいになるまで提供してもよいでしょう。

製作のヒント
容器は貯金箱です。絵や字が多いと気が散るのでシンプルなものを、また、到達度がわかるよう透明なものを選びましょう。

Chapter2
3-14
物を入れる（プットイン）

プットインでお花畑

こんな人に、こんな子に
- 単純なプットインに飽きてしまった人に
- 完成品で楽しむことができる人に
- デザインや色合いを意識してほしい人に

課題の内容とゴール
パンチボードの下方に花壇の模様が描いてあります。パンチ穴の各列の左端には見本の花が挿してあるので、その列は見本と同じ花を挿していきます。全ての穴に花を挿し植えたら、花壇の完成です。

よくあるミスアクションへの対応
列に注意がいかないとバラバラの花を挿してしまいます。見本を多めに挿しておき、規則性に気づいてもらう必要があります。

より難易度を高くする工夫
トレイではなく、広い机の上にパンチボードを多く用意し、花の数を増やすこともできます。完成品を支援者に報告する機会を作り、花の名前を教えるなどコミュニケーションの機会を作ることもできます。

視覚的構造化から読み解くと
視覚的指示　左端に見本となる花が植えてあるので、左から右へ同じ花を挿すことがわかります。
視覚的明瞭化　パンチ穴の列にラインが引いてあり、列を間違えにくいようにしています。
視覚的組織化　パンチボードは同じ大きさの穴が均等に空き、穴と花の数が同数になっています。

製作のヒント
造花は100円ショップなどで安価に手に入ります。奥の列に背の高い花を挿す設定にすると見栄えもよいです。特に女性に人気のある自立課題です。

Chapter2
4-1
組み立てる・物を包む

えんぴつキャップを パッケージ

こんな人に、こんな子に

- パッケージする動作を学びたい人に
- 指定された通り分類しながらパッケージできる人に
- 「パチッ」という感触が好きな人に

課題の内容とゴール

左のケースには各色のえんぴつキャップがあります。右のパッケージ用ケースには色の名前が指示されているので、指定された色のえんぴつキャップをケースに入れてふたを閉めます。全て入れてふたを閉めることができたらゴールです。

視覚的構造化から読み解くと

視覚的指示 文字により色の指示があります。読めない人は入れる色を文字の色で判断できます。

視覚的明瞭化 色の指示は白い紙にその色で書かれ、パッケージするケースに貼られていて目立ちます。

視覚的組織化 パッケージケースはえんぴつキャップがちょうど6本入り、ふたがしっかり閉まります。

よくあるミスアクションへの対応

色の指示が理解できない人は、パッケージケースに適当な色を入れてしまいますが、パッケージする動作が主題なので、初めは分類の要素を除いてもOKです。

より難易度を高くする工夫

分類の要素を増やすことで難易度も上がります。えんぴつキャップに文字やシンボルを書き込むなどして、どんな分類でも設定できるようになります。

製作のヒント

えんぴつキャップはどれもほぼサイズが同じです。単3の乾電池を入れるパッケージケースを選ぶとサイズぴったりです。ふたがパチッと閉まるタイプのものが自閉症の人に好まれます。

Chapter2
4-2
組み立てる・物を包む

ダブルクリップ囲い止め

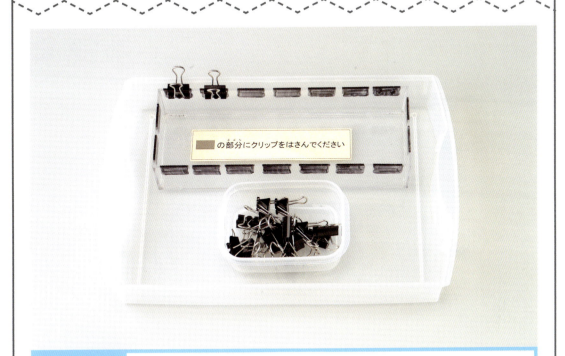

こんな人に、こんな子に
- ダブルクリップを扱える人に・扱ったことがない人に
- つまんで挟む動作を練習するために
- 指先の力加減を調整・練習したい人に

課題の内容とゴール
四角い容器に、手前のケースに入ったダブルクリップを挟んでいきます。挟む位置は黒くマーキングされ、文字による指示もあります。マークの位置にダブルクリップを全て挟むことができたらゴールです。

視覚的構造化から読み解くと
視覚的指示 文字による指示と容器の周囲のマーキングにより、どこに挟むかがわかります。
視覚的明瞭化 透明な容器のマーキングは黒く目立ち、ダブルクリップを挟むとちょうど隠れます。
視覚的組織化 容器に等間隔でマーキングされています。マークとダブルクリップは同じ数です。

よくあるミスアクションへの対応
ダブルクリップを扱う経験がないとなかなかできません。まずは一対一活動でダブルクリップの扱い方を学んでから、自立課題に移行するとよいでしょう。

より難易度を高くする工夫
ダブルクリップのサイズを混在させ、マークも大きさを変えて、大小を見極める要素を盛り込むこともできます。

製作のヒント
ダブルクリップを挟む部分は硬く丈夫でないと壊れてしまうので、挟む容器は硬くしっかりしたものを選びましょう。

Chapter2
4-3
組み立てる・物を包む

人形まとめて袋詰め

こんな人に、こんな子に
- まとめて袋に入れる経験をしたい人に
- 片付ける練習をしたい人に
- 人形が好きな人に

課題の内容とゴール
小さな人形と袋があります。袋には人形のイラストが描いてあり、その人形を集めて袋に入れていきます。イラストで示された人形を全て袋に入れることができたらゴールです。

よくあるミスアクションへの対応
人形で遊んでしまう場合があります。袋に片付けるのが主題なので、「遊んだ後は袋に入れよう」という設定の自立課題として使いましょう。

より難易度を高くする工夫
字が読める人には文字による指示にして、入れる人形の指示内容を毎回変えると難易度が上がります。

視覚的構造化から読み解くと
視覚的指示 袋の外側に描かれたイラストで、その袋にどの人形を片付ければよいかが指示されています。
視覚的明瞭化 形がはっきりした人形を使用し、違いを見極めやすいようなものを選んでいます。
視覚的組織化 袋に片付けていくと、トレイ全体がすっきりした感じになり、達成感が味わえます。

製作のヒント
イラストは絵が得意な職員に描いてもらいましょう。難しければ実物の写真でもOKです。袋の中身が気になってしまう人には、中身が見えない袋にしましょう。

Chapter2
4-4
組み立てる・物を包む

靴下かぶせ

こんな人に、こんな子に
- ■「かぶせる」動作ができる人に・教えたい人に
- ■細かい手先の動作ができる人に
- ■両手を使った細かい動きの経験が少ない人に

課題の内容とゴール
トレイにブロックが固定されています。それぞれのブロックに、上から両手で小さな靴下をかぶせていきます。全ての靴下をかぶせたらゴールです。

視覚的構造化から読み解くと
視覚的指示 ブロックはちょうど靴下が入る太さ・高さで、ここにかぶせることがわかります。
視覚的明瞭化 ブロックと靴下以外に刺激となるものを排除して、注目しやすくしています。
視覚的組織化 ブロックは等間隔でトレイに固定され、靴下とともにトレイ内に全て収まっています。

よくあるミスアクションへの対応
かぶせる動作の経験がない場合、何を求められているかわからず、手にはめようとすることもあります。一対一活動でかぶせるものであることやその動作を伝えてから、自立課題として導入しましょう。

より難易度を高くする工夫
靴下を固定していないブロックにかぶせたり、ブロックではなく発泡スチロール製のスティックなど少し柔らかい素材にかぶせると難易度が上がります。

製作のヒント
「靴下」は、リビングコーナーで売られている机の脚にかぶせるカバーを使っています。本物の靴下では大きすぎて作業しにくいです。

4 組み立てる・物を包む［3・4］

Chapter2
4-5
組み立てる・物を包む

ボルトにナットはめ

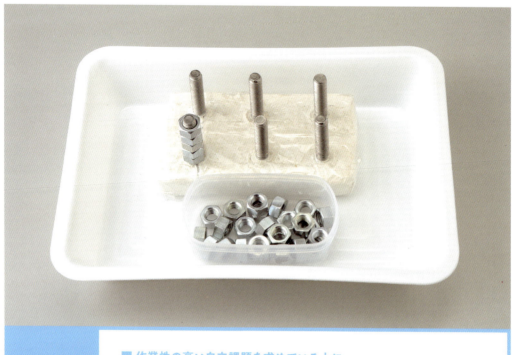

こんな人に、こんな子に
- 作業性の高い自立課題を求めている人に
- 細かい動作を根気よく続けることができる人に
- ねじ回しができる人に

課題の内容とゴール
紙粘土に固定された大きなボルトがあります。そのボルトがいっぱいになるまでナットをはめていきます。全てのナットをボルトいっぱいにつけることができたらゴールです。

視覚的構造化から読み解くと
視覚的指示 紙粘土にねじのボルトが挿され、手前にナットがあるので、回してつけていくとわかります。
視覚的明瞭化 紙粘土の上にはボルトしかなく、目立ちます。
視覚的組織化 ナットをはめていくと、ちょうどボルトがいっぱいになるように設定されています。

よくあるミスアクションへの対応
ボルトを手で持とうと紙粘土から引き抜こうとする場合があります。手で持って取り組みたい人であれば、固定せずに提供します。

より難易度を高くする工夫
ボルトはさまざまなサイズがあり、もっと長いものもあります。長いものを使えば、長時間の集中力が問われる作業性の高い自立課題となります。

製作のヒント
ボルト・ナット課題は自立課題でよく使われます。強度があり壊れにくいのが特長です。ボルトは、ナット数個でぴったりになる高さで紙粘土に埋め込みましょう。

Chapter2

4-6 マグネットでカード留め

組み立てる・物を包む

こんな人に、こんな子に
- 実用的なマグネットの使い方を学びたい人に
- ひらがなのマッチングが理解できる人に
- ひらがなを学び始めた人に

課題の内容とゴール
トレイに文字が書かれたスタンド（ブックエンドを流用）があります。手前に立っているひらがなやシンボルのカードを同じ文字の位置にマッチングし、挟み込むタイプのマグネットに挟んでスタンドにつけます。全てのカードをマッチングできたらゴールです。

視覚的構造化から読み解くと
視覚的指示 スタンドと手前に同じ文字やシンボルが書かれ、その部分にカードをつけるとわかります。

視覚的明瞭化 スタンドとカードは、どちらも黒で明確にひらがなやシンボルが書かれています。

視覚的組織化 カードはウレタンの上に挿し込まれて取りやすくなっています。

よくあるミスアクションへの対応
マグネットの扱いに慣れていないと、枠に沿って上手に貼りつけることができません。まずは一対一活動でマグネットの特性や扱い方を学ぶとよいでしょう。

より難易度を高くする工夫
マッチングの要素を少なくすると難易度が上がります。例えばスタンドに文字等を書かず完成写真を提示するだけにしたり、文字の指示を紙に書いて別に提示することで難しくなります。

製作のヒント
通常のマグネットでも課題になりますが、あえて挟み込むタイプのものを使い、経験してもらいましょう。まずは本人が慣れ親しんでいる文字から始めましょう。

Chapter2
4-7
組み立てる・物を包む

ケースに小さく収納

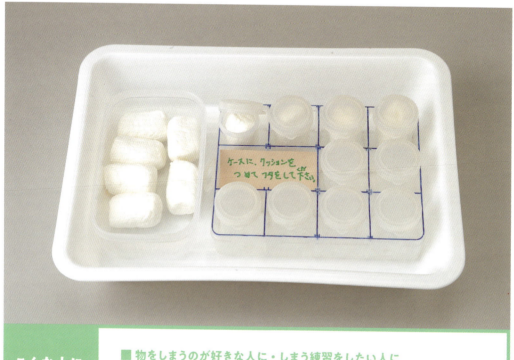

こんな人に、こんな子に

- 物をしまうのが好きな人に・しまう練習をしたい人に
- 低反発素材の扱いの経験がない人に
- 「パチッ」と閉まる感触が好きな人に

課題の内容とゴール

右にフィルムケースが、左には低反発素材の緩衝材が入ったケースがあります。緩衝材をつぶすと、フィルムケースに入るサイズになるので、つぶしながら素早くケースに入れてふたをします。全ての緩衝材をしまえればゴールです。

視覚的構造化から読み解くと

視覚的指示 文字による指示と見本による指示で、求められている内容がわかります。
視覚的明瞭化 ケースの境界線に青ラインが塗られ、フィルムケースを入れる部分が目立ちます。
視覚的組織化 区切られた空間に1つずつフィルムケースが入り、ふたをしてすっきり片付きます。

よくあるミスアクションへの対応

低反発素材のため、素早くふたを閉めないと容器からはみ出します。物をしまうのが主題なので、微細運動が苦手な場合は、つぶさなくても入るサイズのスポンジに替えましょう。

より難易度を高くする工夫

緩衝材のサイズが大きくなるほど入れにくくなります。難しくはなりますが、できた時の達成感は増します。

製作のヒント

緩衝材は通信販売などで使われたものをとっておくと便利です。フィルムケースは小さなタッパーでも代用可能。ふたは、ひねるものよりもパチッと閉まるものが好まれます。

Chapter2
4-8
組み立てる・物を包む

バックルたくさん連結

こんな人に、こんな子に
- 作業性の高い自立課題を必要としている人に
- 「パチッ」と手ごたえのある感触が好きな人に
- 簡単な動作で達成感を得たい人に

4 組み立てる・物を包む [7・8]

課題の内容とゴール
プラスチックのバックル（サイドを押すと外れるもの）が分かれた状態でそれぞれ白ケースに入っています。ひたすら接合して茶色ケースに入れていきます。黄と黒を同じ色で組み合わせ、全て接合できたらゴールです。

視覚的構造化から読み解くと
視覚的指示　接合前の部品が入れられ、つなぐのであろうと推測できます。

視覚的明瞭化　黄色と黒の2種類の単色しかなく、大きさも異なるので組み合わせが明確です。

視覚的組織化　部品のケースは奥に、完成品のケースは手前と、作業に沿って明確に分けられています。

よくあるミスアクションへの対応
作業性を追求したい自立課題なので、単純動作をたくさんこなすことが目標です。持久力が足りなければ数を減らし、徐々に増やしていきましょう。

より難易度を高くする工夫
数を増やせば、長時間取り組める自立課題になります。マッチングの要素をより入れるなら、バックルに数字やシンボルを書くと、選んで見つける工程が追加されます。

製作のヒント
バックルは一番小さなサイズの海外製品で、数が多いものを通信販売で購入しました。単純な動作の自立課題なので、たくさん用意して作業性を高めましょう。

83

Chapter2
4-9
組み立てる・物を包む

消しゴムをパッケージ

こんな人に、こんな子に
- ケースの決められた場所に物をしまう練習をしたい人に
- 片付けてふたをしめる習慣をつけたい人に
- 物に注目し分類しながら片付ける意識をつけたい人に

課題の内容とゴール
トレイの上にケースと消しゴムがあります。ケースの中には、どの消しゴムをその位置にしまうか、消しゴムの包装イラストが貼ってあります。示された消しゴムの絵と向きに注目し、マッチングしながら正しい場所にしまい、ふたをすることができたらゴールです。

視覚的構造化から読み解くと
視覚的指示 ケースの中に同じ消しゴムの包装イラストが貼ってあるので、何をどこにしまうかがわかります。
視覚的明瞭化 ケースの中の仕切りが目立つように、黒くふちどりがされています。
視覚的組織化 ケースの中の仕切りが明確な境界線になっており、混ざり合うことがありません。

よくあるミスアクションへの対応
イラストの違いまでは意識できても、上下や縦横の向きを意識せずにしまう場合があります。「物への注目」もねらいなので、一対一活動で「向き」があることも教えましょう。難しければ、パッケージングにねらいを絞り、消しゴムを1種類だけにしましょう。

より難易度を高くする工夫
もっと大きなケースにして種類を増やしたり、1つの仕切りに2〜3個重ねる指示にする設定もできます。

製作のヒント
100円ショップのケースは種類が豊富で、仕切りも自由に変えられるものがあります。空間や境界を明確に設定できるので使いやすい素材です。

Chapter2
4-10
組み立てる・物を包む

ジョイントマットを
マッチング

こんな人に、こんな子に

- 物を組み合わせる練習をしたい人に
- 完成した物を完成ケースに入れる練習をしたい人に
- 同じ色を意識して組み合わせることができる人に

課題の内容とゴール

同じサイズのジョイントマットが、凹凸別にケースに入っています。同じ色の凹凸のピースを取り出し、組み合わせます。組み合わせたものを完成ケースに全て入れることができたらゴールです。

視覚的構造化から読み解くと

視覚的指示 文字による指示と絵による指示で、凹凸を組み合わせるものであるとわかります。

視覚的明瞭化 凹凸が別のケースに入っていて見分けやすく、完成ケースの入り口は黒く塗られ目立ちます。

視覚的組織化 完成ケースにのみふたがあり、入れたらゴールだとわかりやすくなっています。

よくあるミスアクションへの対応

初期設定で凹凸別にしていても、同じ形どうしで組み合わせてしまう場合があります。その場合、組み合わせても長方形になりません。また、組み合わせずに完成ケースに入れてしまう場合もあります。
組み合わせが主題なので、ジョイントマットではなく、スナップボタンや磁石など、より組み合わせわかりやすいものに変えるとやりやすくなります。

製作のヒント

組み合わせたらきれいな長方形になるようにハサミでしっかり整えましょう。組み合わせた後の形がきれいなほど、取り組みやすくなります。

Chapter2
5-1
暮らしに役立てる

靴下干し

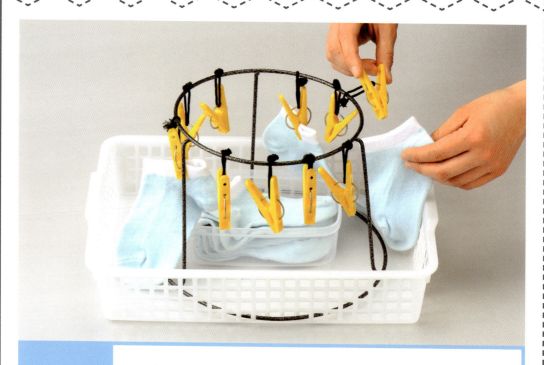

こんな人に、こんな子に
- 家事スキルを高めたい人に
- 洗濯物干しができそうな人・教えたい人に
- 洗濯バサミの扱いができる人・教えたい人に

課題の内容とゴール
ケース内のスタンドに洗濯バサミが吊り下がっています。別に置いてある靴下を洗濯バサミ1つにつき1足ずつ干していきます。全ての洗濯バサミに干すことができたらゴールです。

視覚的構造化から読み解くと
視覚的指示 靴下が置いてあり洗濯バサミが吊り下がっていることから、干すのだろうとわかります。
視覚的明瞭化 洗濯バサミと靴下とスタンドがそれぞれ別の色で目立っています。
視覚的組織化 洗濯バサミが等間隔で吊られ、靴下を全て干しても隣と干渉しません。

よくあるミスアクションへの対応
ミスではありませんが、靴下のどこに洗濯バサミを留めるか、バラバラになってしまうことがあります。実用的な自立課題にしたいので、留める位置にもしるしをつけて決めておく方法もあります。

より難易度を高くする工夫
実用度を増すために靴下のサイズや形を変えたり、角ハンガーを部屋にかけて実際に干してもらってもよいでしょう。

製作のヒント
洗濯バサミを吊るのは園芸用のプランタースタンドです。なるべく背の高いものを選びましょう。靴下は、初めは赤ちゃん用の小さいものが扱いやすいです。

作りかた

使うもの

材料
- ❶トレイ
- ❷とじひも
- ❸洗濯バサミ
- ❹靴下を入れるケース
- ❺園芸用プランタースタンド
- ❻赤ちゃん用靴下

道具
- ❼カッター

1

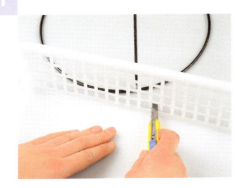

園芸用のプランタースタンドをトレイに設置します。トレイからはみ出る場合は、トレイにカッターで切り込みを入れるなど、入るように工夫します。

2

プランタースタンドに、とじひもを使って洗濯バサミをくくりつけます。等間隔につけましょう。ひもの余分な部分は切ります。

3

靴下のケースを中央に置き、赤ちゃん用靴下をケースにセットして試行してみます。

4

必要に応じて、洗濯バサミを留める場所を示すしるしを、油性ペンで靴下に入れます。

5 暮らしに役立てる [1]

87

Chapter2
5-2
暮らしに役立てる

メニューの値段の支払い

こんな人に、こんな子に
- レストランで注文する練習をしたい人に
- お金と値段の関係が理解できる人・練習したい人に
- 硬貨の種類を学びたい人に

課題の内容とゴール
食べ物のメニューが書かれたカードが、右のカード立てに入っています。1枚ずつ取り出し、書かれている値段の通り、左に置かれたおもちゃのコインを貼りつけます。正しい金額のコインを貼りつけられたらゴールです。

視覚的構造化から読み解くと
視覚的指示 カードの値段の下に面ファスナーがあり、コインを貼る位置を示しています。
視覚的明瞭化 カードにはイラストと値段が大きく目立つように書かれています。
視覚的組織化 カード立てにカードが1枚ずつ入っており、取りやすくなっています。

よくあるミスアクションへの対応
値段とコインの理解が不十分だと間違えてしまいます。カードに10円、100円などのイラストを示しておき、おもちゃのコインとのマッチング課題として提供することもできます。

より難易度を高くする工夫
コインをお財布に入れておき、そこから出すなど、実際の場面を想定した自立課題に発展させましょう。

製作のヒント
おもちゃのコインは通信販売や100円ショップ等で入手可能です。メニューカードは本人に合わせた身近なメニューで用意しましょう。

作りかた

使うもの

材料
1. トレイ
2. おもちゃのコイン
3. コインを入れるケース
4. 面ファスナー
5. A4用紙
6. カード立て用素材（段ボール・空き箱・ウレタンなど）

道具
7. テープ
8. ハサミ
　ラミネーター・
　ラミネートシート

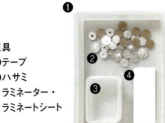

1

メニューカードには食事の視覚素材（本人に応じてイラストか写真か検討）・名前・値段を入れます。プリント後、カットしてラミネートし、面ファスナーを貼ります。ラミネートするとコインを貼っても折れにくくなります。

2

コイン一つひとつに面ファスナーを貼ります。例えば「100円」は、100円玉1枚だけでなく、50円玉2枚、10円玉10枚という組み合わせでも正解なので、できるだけたくさん用意しましょう。

3

カード立ては、梱包に使う仕切りを使います。大きすぎる場合は切ってテープで貼りサイズを整えます。ダンボールや空き箱を中仕切りして改良したり、ウレタンに切り込みを入れて挿すタイプでもよいでしょう。

4

全てのメニューにさまざまな組み合わせでコインを貼りつけてみて、大丈夫かどうか確かめます。問題なければ完成です。

Chapter2
5-3
暮らしに役立てる

つめたい？ あつい？

こんな人に、こんな子に
- ■「つめたい」「あつい」の概念を学ぶために
- ■ 文字やイラストが読み取れる人に
- ■ イラストにあるような食べ物等に触れた経験がある人に

課題の内容とゴール
トレイの上に「つめたい」「あつい」と書かれたスタンドプレートがあります。手前のイラストカードを、左につめたいもの、右にあついものに分けて貼ります。概念に合わせて全て正しく分類できたらゴールです。

視覚的構造化から読み解くと
視覚的指示　文字と、青（寒色）・赤（暖色）の色の違いで「つめたい」「あつい」を指示しています。
視覚的明瞭化　イラストカードはカラーで見やすく作っています。貼り付けてもスタンドの文字が隠れません。
視覚的組織化　完成するとプレートがちょうどいっぱいに埋まるような数のイラストを提示しています。

よくあるミスアクションへの対応
概念がわからないと取り組むことができません。まずは「火」「氷」などはっきりわかるものから一対一活動で教えていくとよいでしょう。

より難易度を高くする工夫
自閉症の人にとって概念の習得は不得意であると言われています。「大きい」「小さい」「明るい」「暗い」など、この自立課題を応用して多くの概念を教えていくこともできます。

製作のヒント
奥のスタンドプレートは青・赤の画用紙の上から面ファスナーを貼りつけています。概念カードはイラストのプリントをカット、ラミネートしてから面ファスナーを貼りましょう。

90

Chapter2
5-4 暮らしに役立てる

メニューカードの分類

こんな人に、こんな子に
- 文字と絵や写真のメニューが理解できる人に
- 食べ物が好きな人に
- レストラン等で料理を選べるようになるために

課題の内容とゴール
トレイの上に、メニューが文字で書かれたケースが提示されています。別のケースには、絵や実物の写真のメニューカードが入っています。メニューカードを見ながら、対応する文字のケースに入れていきます。全てのメニューカードを分類できたらゴールです。

視覚的構造化から読み解くと
視覚的指示　カードを挿し込めるケースにメニューが書かれ、対応する絵や写真を入れるとわかります。
視覚的明瞭化　文字も、絵や実物の写真も大きく、目立つように表示されています。
視覚的組織化　文字のメニューはカードがすっきり収まるケースに書かれ、紙粘土で固定されています。

よくあるミスアクションへの対応
メニューの般化が不十分な人は分類できない可能性があります。一対一活動の時間に教えていく必要があります。もしくは、写真のみ、イラストのみから始めて、徐々に広げていく方法もあります。

より難易度を高くする工夫
写真を使う場合、副菜や添え物、ご飯や飲み物まで写っているものを選ぶと、メインの食事に注目する練習になり般化が促進されます。

製作のヒント
初めは大好きなメニューを用意し、慣れたら普段は食べないメニューも入れるとよいでしょう。メニューカードは取り替えられるようにたくさん作っておきましょう。

5　暮らしに役立てる [3・4]

91

Chapter2
5-5
暮らしに役立てる

切手の貼り付け

こんな人に、こんな子に
- 切手の使い方がわかる人・教えたい人に
- 値段が理解できる人・教えたい人に
- 実用的な自立課題を求めている人に

課題の内容とゴール
切手を貼る部分に金額が書かれた封筒の絵が右に、切手を模したカードが左にあります。封筒に書いてある金額を見て、それに対応する金額の切手カードを選んで貼ります。全ての封筒に正しく貼れたらゴールです。

視覚的構造化から読み解くと
視覚的指示 文字による指示と封筒に書かれた金額で、切手を指示された金額だけ貼るものとわかります。
視覚的明瞭化 切手貼付部が白抜きされて面ファスナーがついているので、貼る位置が明確にわかります。
視覚的組織化 切手カードは左に、封筒のイラストは右にまとめられ、貼る動作が一定になります。

よくあるミスアクションへの対応
貼ることは意識できても、金額が読めずに適当に貼ってしまう場合があります。金額がわからない人には、同じ切手の写真を封筒に予め示しておき、絵のマッチングで完成させるようにしてみましょう。

より難易度を高くする工夫
同じ金額でも色々な切手の組み合わせを複数選べるようにし、時には切手を2〜3枚貼る必要があるようにするとより実用的です。

製作のヒント
封筒などで「切手を貼る位置は左上」と覚えてもらえるよう、その箇所を白抜きし面ファスナーを貼って、はっきりと示しましょう。

暮らしに役立てる

Chapter2
5-6

野菜の買い物

こんな人に、こんな子に

- おつかいの練習をしたい人に
- 野菜の名前を覚えたい人に
- 文字による指示が理解できる人に

課題の内容とゴール
トレイの中に買い物かごが入っています。かごには文字による指示が提示してあります。指示に基づいて、必要な野菜の模型（プラスチック製のおもちゃ）を集めてかごに入れます。指示通りに野菜を集めることができたらゴールです。

視覚的構造化から読み解くと
視覚的指示　文字による指示があり、野菜の模型にも文字で名前が書いてあります。
視覚的明瞭化　買い物かごは原色でわかりやすく、野菜の模型は大きくて見やすいものを選んでいます。
視覚的組織化　それぞれの指示のかごは全て独立し、トレイの中にぴったり収まっています。

よくあるミスアクションへの対応
字が読めない場合は、野菜がかごに入った完成写真を提示するとよいでしょう。野菜の模型がわかりにくい場合、必ず名前を書き入れます。

より難易度を高くする工夫
野菜だけでなく、スーパーマーケット等で売られている物の模型があれば加えていきましょう。より実践的な買い物の練習になります。

製作のヒント
100円ショップ等のおもちゃコーナーにある野菜などの模型をうまく利用しましょう。スーパーマーケットに見立てて机の上に並べて練習することもできます。

Chapter2
5-7
暮らしに役立てる

引き出しに収納

| こんな人に、こんな子に | ■ 物をしまう練習をしたい人に
■ 引き出しを使って物の分類を学びたい人に
■ 柄のマッチングができる人に |

課題の内容とゴール
数色の消しゴムがケースに入っています。引き出し（レターケースを利用）に各色の消しゴムの包装イラストの写真が貼られているので、写真の通りに消しゴムを選んで引き出しにしまいます。全ての消しゴムをしまえたらゴールです。

視覚的構造化から読み解くと
視覚的指示 文字による指示と引き出しの写真により、実物を各引き出しにしまうのだとわかります。
視覚的明瞭化 消しゴムは色がはっきりと違うものを選び、区別しやすいようになっています。
視覚的組織化 トレイ内に引き出し・消しゴムのケース・指示が全て一体的におさまっています。

よくあるミスアクションへの対応
しまうことは理解できても、写真の見本に注目がいかず、適当にしまってしまう場合があります。この場合は写真の見本を大きくして目立たせると気づきやすくなります。

より難易度を高くする工夫
引き出しに入るサイズであれば、消しゴムではなくさまざまな物をしまう練習ができます。般化を目指し、いろいろな物を用意してみましょう。

製作のヒント
引き出しは100円ショップのレターケースが求めやすいでしょう。消しゴム以外にも、引き出しに入る大きさでしまう練習をしたい物を提供しましょう。

Chapter2
5-8
暮らしに役立てる

ペアリングでホック留め

こんな人に、こんな子に
- 引っかけるタイプのホックを練習したい人に
- ゴムひもの扱いを練習したい人に
- 身辺の自立に活かせる自立課題を求める人に

課題の内容とゴール
トレイの左右に何本かのゴムひもがついています。左右のゴムひもから同じ色のペアを見つけ、ホック（引っかけるタイプのもの）を留めていきます。左右の長さはそれぞれ違うので、力加減に注意しながら全てのホックを留めたらゴールです。

視覚的構造化から読み解くと
視覚的指示　ゴムひもの先に色が塗られているので、ペアを見つけてホックを留めることがわかります。
視覚的明瞭化　ひもごとに留め位置がずれるようにしてあり、ホックを留めたひもが見やすくなっています。
視覚的組織化　ゴムひもは一定の間隔でトレイにくくりつけ、固定されています。

よくあるミスアクションへの対応
ゴムひもを引っぱる動作とホックを留める動作の同時進行が苦手な人がいます。ホックを留めるのが主題なので、ゴムのテンションはゆるく設定してもよいでしょう。

より難易度を高くする工夫
衣服のホックの練習も想定しているので、小さなホックにしたり、あえて見えにくい角度になるよう製作して、手先の感触でホックを留めてもらう設定にするとより実用的です。

製作のヒント
ゴムひもとホックの縫合は裁縫のできる職員にお願いしましょう。ホックは油性ペンで塗るとしっかり色がつきます。

Chapter2
5-9
暮らしに役立てる

手紙をポストイン

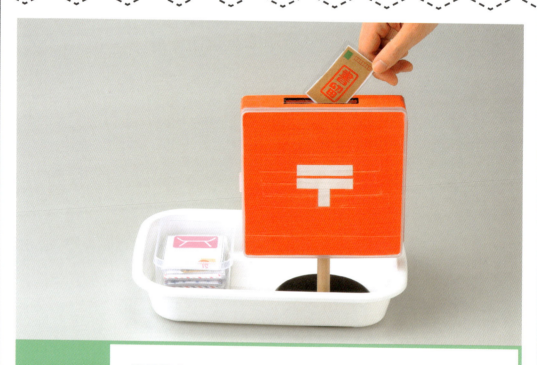

こんな人に、こんな子に
- 郵便ポストに手紙を入れる経験をするために
- 郵便ポストの役割を教えるために
- カードサイズのプットインができる人に

課題の内容とゴール
トレイの上にポストが乗っています。ケースの中に、イラストで描かれたさまざまな種類の手紙や封書が入っています。1枚ずつポストの挿し入れ口に入れ、全部入れることができたらゴールです。

視覚的構造化から読み解くと
視覚的指示　ポストの機能を理解している人なら、手紙を入れる課題であるとわかります。
視覚的明瞭化　ポストの挿し入れ口がマーカーで塗られており、目立っています。
視覚的組織化　ポストの挿し入れ口は1枚ずつしか入らない程度に細くなっています。

よくあるミスアクションへの対応
1枚ずつしか入らない挿し入れ口にまとめて入れて詰まってしまうことがあります。その場合、ケースの中に入れるのではなく、ウレタンに1枚ずつ挿すなど、1枚ずつ扱うようになる工夫が必要です。

より難易度を高くする工夫
「切手の貼り付け」（P92）の切手付き封書をポストに入れる自立課題にも発展させることができます。

製作のヒント
ポストは薄型のケースに赤い紙を貼り、スタンドに固定して作りましょう。細い差し入れ口は、カッターナイフで根気よくていねいに切る必要があります。

Chapter2
5-10
暮らしに役立てる

バネの引き伸ばし

こんな人に、こんな子に
- バネの取り扱いの経験がない・浅い人に
- 微妙な力加減を練習したい人に
- 輪っかに引っかける動作を練習したい人に

課題の内容とゴール
板にフックねじでバネが固定されています。バネを引っ張り、もう一方のフックねじに引っかけます。バネの大きさや必要な力加減はそれぞれ違うので、力の入れ具合をコントロールしながら、全て引っかけられたらゴールです。

視覚的構造化から読み解くと
視覚的指示 対応するラインが引いてあり、どのフックにバネをかければよいかがわかります。
視覚的明瞭化 板の上にはバネとフックねじしかなく、シンプルでわかりやすくなっています。
視覚的組織化 上から下へ引っ張る動作の繰り返しで、完成後は整列しているようにまっすぐになります。

よくあるミスアクションへの対応
バネは金属でとがっているところもあるので、自傷行為のある人は傷を作ってしまうことがあります。とがっている部分にテープを貼るなど加工が必要な場合もあります。

より難易度を高くする工夫
引っ張る力がより強くなると難しくなります。太く大きなバネを多く使うことで、難易度が上がります。

製作のヒント
フックねじを板に挿し込み固定する前に、本人がどれくらいバネを引っ張れるか試してもらうなどして、しっかりと確認しましょう。

Chapter2
5-11 暮らしに役立てる

ボタン留め

こんな人に、こんな子に

- 衣服の着脱を練習している人に
- 実際の作業服でボタンの練習をしたい人に
- 大きめ・ゆるめの簡単なボタンから練習を始めたい人に

課題の内容とゴール

トレイの中の布地に、ボタンと対応するボタンホールのある作業服の切れ端が縫い付けられています。全てのボタンを留めることができたらゴールです。

よくあるミスアクションへの対応

布地が固かったり、ボタンが小さいとできない場合があります。提供する人の能力に応じてボタンの設定を考えましょう。

より難易度を高くする工夫

ボタンを小さくする、布地を固くする、きつめのボタンホールにするなどで難易度が上がります。さまざまなボタンをはめ、般化して日常生活に活かすことを目指しましょう。

視覚的構造化から読み解くと

視覚的指示 ボタンとボタンホールのついた布地があるので、留めるのだとわかります。

視覚的明瞭化 組み合わせの布地の色は統一され、ボタンとボタンホールを対応させやすくなっています。

視覚的組織化 布地はトレイに敷かれた布に縫い付けられ、ずれずにボタンを留めることができます。

製作のヒント

作業服の切れ端は、実際に筆者の事業所で使用している服のものを使っています。その人の日常生活のニーズに応じた設定をするとよいでしょう。

Chapter2
5-12
暮らしに役立てる

洗濯物干し

| こんな人に、こんな子に | ■ 家事スキルを1つでも身に付けたい人に
■ 洗濯物干しにチャレンジしたい人に
■ 洗濯バサミの取り扱いを学びたい人に |

課題の内容とゴール
奥にある写真でハンガーに洗濯物をかけて干すことが指示されています。指示通り、洗濯物をハンガーにかけ、同じ色の洗濯バサミで留めて、全て干すことができたらゴールです。

視覚的構造化から読み解くと
視覚的指示 写真による指示書で何を求められているのかがわかります。
視覚的明瞭化 洗濯物のハンガーを入れる部分は大きく開き、どうするのかがわかりやすくなっています。
視覚的組織化 トレイの上で全て収まるよう、ハンガーも洗濯物も小さいサイズで作られています。

よくあるミスアクションへの対応
工程が多く複雑な自立課題で、写真の指示が理解できないと完成できません。始めは上着かズボンだけにして、色分類の要素を取り除いておくと、ハンガーにかける動作を集中的に学ぶことができます。

より難易度を高くする工夫
暮らしに役立てることを目指したいので、自立課題としてクリアできたら、実際のハンガーや物干を使った大きな自立課題として発展させることができます。

製作のヒント
ハンガーは実際の針金ハンガーを切って小さく作ります。そのサイズに合わせた洗濯物もフェルトなどで手作りします。裁縫の得意な職員に手伝ってもらいましょう。

5 暮らしに役立てる [11・12]

99

Chapter2
5-13
暮らしに役立てる

ファスナー閉じ

こんな人に、こんな子に

- ファスナーの取り扱いに慣れていない人に
- 簡単な動作で達成感を得たい人に
- 上下左右の動きを経験したい人に

課題の内容とゴール

いくつものファスナーが布地に縫い付けられ、全て開いた状態になっています。全てのファスナーを閉じることができればゴールです。「閉じている→開く」でも課題にできます。

よくあるミスアクションへの対応

簡単な自立課題なので、ファスナーの取り扱いの習得とともに、机に向かうことが難しい人の導入としても使用できます。ファスナー1本からでいいので閉めて、ゴールする経験をしてもらってください。

より難易度を高くする工夫

布地に縫い付けてあるので、軽く薄く仕上がっています。縫い付けた布地を重ねて増やせば、何枚もトレイの中にセットすることができます。

視覚的構造化から読み解くと

視覚的指示 見本としてファスナーが1本閉じてあれば、他のファスナーも閉じていくとわかります。

視覚的明瞭化 全てのファスナーの布地は色が違っていて、それぞれの作業がわかりやすくなっています。

視覚的組織化 ファスナーフックの始点が上下交互で、できるだけ一筆書き動作でできるようにしています。

製作のヒント

ファスナーはゆるいものを選び、布地をトレイに固定しなくてもずれないようにします。さまざまな色のファスナーを使いましょう。

Chapter2
5-14
暮らしに役立てる

パチパチ スナップボタン留め

こんな人に、こんな子に

- スナップボタンに慣れていない人・練習したい人に
- 簡単な動作で達成感を得たい人に
- 「パチッ」という音や感触が好きな人に

課題の内容とゴール

布地に、凹凸をパチッとはめるタイプのスナップボタンが縫い付けられています。外れている状態にしてあるので、順番に全てのボタンを留めることができたらゴールです。

視覚的構造化から読み解くと

視覚的指示　スナップボタンが外れて提示されているので、留めるのだろうとわかります。
視覚的明瞭化　布地の上にはスナップボタンしかなく、注目しやすくなっています。
視覚的組織化　スナップボタンが等間隔で縫い付けられています。

よくあるミスアクションへの対応

ファスナー課題と同じく、スナップボタンの取り扱いとともに、簡単な自立課題で達成感を得たい人に導入できます。机に向かって自立課題を行う第一段階として活用してください。

より難易度を高くする工夫

「ファスナー閉じ」（P100）と同様、軽くて薄く仕上がるので、何枚も作って課題の量を増やしましょう。

製作のヒント

スナップボタンは100円ショップなどでも手に入る身近な材料で、布地に縫い付けるだけでできる、作りやすい自立課題です。

5 暮らしに役立てる［13・14］

101

Chapter2
6-1
楽しく遊ぶ

△パズル

こんな人に、こんな子に
- 形のマッチングができる人に
- マグネットの扱いができる人・練習したい人に
- 三角形の形の特徴を体感するために

課題の内容とゴール
ホワイトボードの上に、同じサイズの三角形に切ったマグネットシートがあります。それらを右側のラインで示した通りに移動させます。全てのマグネットをラインの中に収めて移動させたらゴールです。

視覚的構造化から読み解くと
視覚的指示 マグネットを移動させることが矢印で、移動先の配置がラインで示されています。
視覚的明瞭化 ホワイトボードには「パズル」の文言・矢印・ラインだけが描かれ、シンプルで明確です。
視覚的組織化 マグネットも移動先も、ホワイトボードの枠内にぴったり収まるサイズになっています。

よくあるミスアクションへの対応
「ラインに合わせて貼る」ことが理解できないと、何を指示されているのかわからず終わってしまう場合があります。ラインの中をマグネットと同色で塗ったり、見本を1枚貼っておくという工夫が考えられます。

より難易度を高くする工夫
マグネットを小さくしたり、形を不揃いにすることで難易度が上がります。よりパズルに近づけるイメージで作ると余暇に応用できます。

製作のヒント
ホワイトボードにぴったり収まるサイズ設定にしましょう。太いラインにしておくと、マグネットが多少ずれてもラインの中に収まりやすいです。

作りかた

使うもの

材料
❶ホワイトボード
❷マグネットシート

道具
❸ハサミ
❹油性ペン

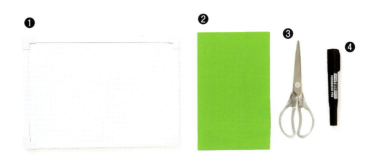

1

予め大体のサイズを決め、基準となるマグネットを1つカットします。ホワイトボードの右側に、基準のマグネットで型をとるようにラインを引いていきます。

2

基準となるマグネットを使ってマグネットシートにもラインを引き、ハサミでていねいにカットしていきます。

3

必要に応じて、文字による指示（「パズル」「線の中にいれましょう」など）や矢印などをホワイトボードに書き入れます。

4

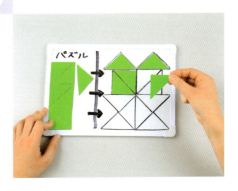

それぞれの三角形マグネットには、微妙な誤差や直線のゆれが出ます。右側のラインに置いて試行し、どんなマグネットの組み合わせでもぴったり収まれば完成です。

Chapter2

6-2 楽しく遊ぶ

同じ模様は何個？

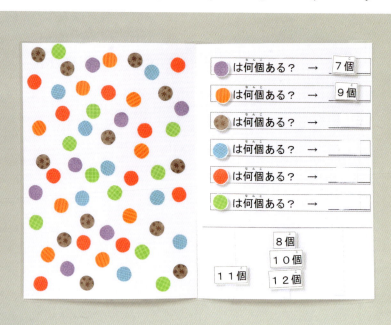

こんな人に、こんな子に
- 数を数えることができる人に
- ごちゃごちゃした中から対象を見つけることができる人に
- 細かい模様の見分けができる人に

課題の内容とゴール
左ページにシンボルがたくさん散りばめられています。右ページに何を数えるか指示があるので、数えて下にある数字を貼りつけます。全て数えて正しく数字を貼ることができたらゴールです。

視覚的構造化から読み解くと
視覚的指示 文字と実際のシンボルによる指示で、何を数えるかがわかります。
視覚的明瞭化 ごちゃごちゃしていますが、シンボルは明確に違う種類に分けられるようになっています。
視覚的組織化 シンボルはランダムに置かれつつも、左ページの枠内に全て収まっています。

よくあるミスアクションへの対応
ごちゃごちゃした状態から数えることができない場合は、左ページのシンボルの数や種類を減らしたり、シンボルごとに大きさも変えるなどして見分けやすくします。

より難易度を高くする工夫
シンボルをより小さくしたり、種類を増やすことで難しくなります。写真では数字を選んで貼るようにしていますが、数字を書ける人には、交換できる紙を貼っておき、書き込むようにもできます。

製作のヒント
答えを丸暗記できないように、シンボルを移動して質問の順番が変更できるようになっています。提示する数や大きさはその人の可能な範囲で作りましょう。

作りかた

使うもの

材料
❶ シンボル素材
❷ 面ファスナー
❸ A4用紙

道具
❹ ハサミ
　ラミネーター・ラミネートシート

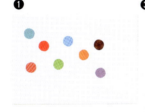

1

シンボルはフリー素材等のアイコンなどから選びます。それらを複数印刷し、提示する数を決めて、A4用紙にランダムに貼り、左ページを作ります。種類・数は、課題をする人が実施可能な範囲を見極めましょう。

2
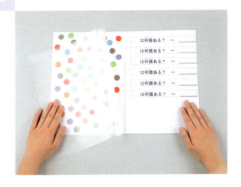

指示文をA4用紙に印刷し、右ページを作ります。左ページと並べてラミネートし、半分に折ってファイル状にします。

3

各シンボル1つと左ページの答えとなる数字カードを印刷・ラミネートし、裏に面ファスナーを貼ります。

4

右ページの、シンボルと答えを貼る部分にも面ファスナーを貼ります。試行しながら、紛らわしいシンボルはないか、難易度は適当か等を確認できたら完成です。

Chapter2
6-3
楽しく遊ぶ

小さな「目」でサイコロ分別

こんな人に、こんな子に
- 細部の情報まで読み取る練習をしたい人に
- 「サイコロ」などのおもちゃを使った自立課題を求める人に
- 色の識別ができる人に

課題の内容とゴール
製氷皿の底に小さなサイコロの写真が貼ってあります。よく見るとサイコロの目がわかるので、どの目になっているか確認します。手元のサイコロを全て、写真の色と目の数を合わせて製氷皿に置くことができたらゴールです。

視覚的構造化から読み解くと
視覚的指示 製氷皿の底にサイコロの写真が貼ってあり、同じように置くのだろうとわかります。
視覚的明瞭化 写真はサイコロの形に切り取られ、背景など余計な刺激を除いてあります。
視覚的組織化 製氷皿1枠につき1つのサイコロを置くというように作業をわかりやすくしてあります。

よくあるミスアクションへの対応
小さな写真に注目できず、サイコロを適当に置いてしまう場合があります。色の分類ができているようなら、サイコロの目への注目が不十分ということなので、大きな写真から始めましょう。

より難易度を高くする工夫
目を写真ではなく手描きにしたり、文字がわかる人なら「青の3」などと指示すると、難易度が高くなります。

製作のヒント
製氷皿は100円ショップなどにもあり、求めやすいだけでなく、明確で均等な仕切りが自立課題の材料としてとても使いやすい素材です。

Chapter2
6-4
楽しく遊ぶ

動物福笑い

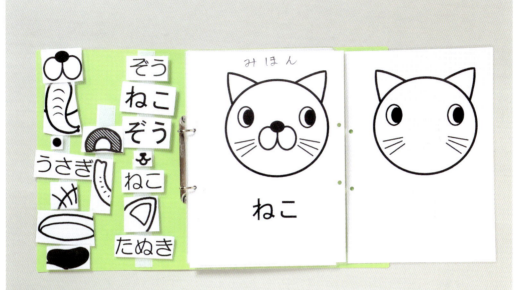

こんな人に、こんな子に
- 動物が好きな人に
- 見本通りのパーツを見分けて作れる人に
- 絵やイラストに興味があり、楽しく取り組んでくれる人に

課題の内容とゴール
ファイルの各見開きに動物が出てきます。左ページに見本があるので、それを見ながら表紙裏に貼ってあるパーツを選び、右ページの欠けた部分に貼り付けていきます。見本通りに貼り付けることができたらゴールです。

視覚的構造化から読み解くと
視覚的指示 左ページに「みほん」があり、右ページのパーツを貼る位置は面ファスナーが貼ってあります。
視覚的明瞭化 パーツは大きく切り取られ、その動物の特徴的な部位が切り抜かれています。
視覚的組織化 1ページに1つの動物、完成したら次のページという流れでわかりやすくなっています。

よくあるミスアクションへの対応
耳や鼻など各部位の認識はできても、細かい違いを見分けられずに他の動物のパーツを貼ってしまう場合があります。まずは1種類の動物に絞り、どんなパーツで構成されているのか覚えてもらいましょう。

より難易度を高くする工夫
細部まで注目しないと見分けられない難しいパーツを導入すると、難易度が高まります。

製作のヒント
それぞれの動物の特徴的な部分を切り取り、ラミネートして、面ファスナーで貼り付けられるようにします。「ねこ」など文字も貼れるようにします。

6 楽しく遊ぶ [3・4]

107

Chapter2
6-5
楽しく遊ぶ

パチパチスイッチ押し

こんな人に、こんな子に
- スイッチを見ると押したくなる人に
- 机に向かって集中できる時間が短い人に
- 簡単な自立課題で達成感を得たい人に

課題の内容とゴール
トレイの上に、紙粘土に埋め込まれたスイッチがたくさん並んでいます。スイッチをオンからオフにパチパチと全部押すことができればゴールです。もちろんオフからオンでも課題となります。

視覚的構造化から読み解くと
視覚的指示 整然とスイッチが並んでいて、これを押していくのだろうとわかります。
視覚的明瞭化 白い紙粘土の上に黒いスイッチが並んでいて目立ちます。
視覚的組織化 スイッチは紙粘土で隙間なくしっかりトレイに固定され、押す時もずれません。

よくあるミスアクションへの対応
スイッチを押すだけの簡単な自立課題です。スイッチ好きの人は、何度も繰り返して終わらない場合があります。机に向かって取り組むのが主題なので、それでもまずはOKです。その人に合った終わりの合図を考えて、ほどよく終わることができる方法を考えましょう。

より難易度を高くする工夫
机に向かう習慣の構築が目的です。次の自立課題を用意して机に向かう時間を伸ばしましょう。

製作のヒント
スイッチはインターネットの通信販売等で入手できます。乾いて粉っぽくなった紙粘土にニスを塗ってツヤを出すと取り組む気持ちを引き出せる場合があります。

108

Chapter2
6-6
楽しく遊ぶ

色積み木を高く積もう

| こんな人に、こんな子に | ■ 積み木が好きな人に
■ 面ファスナーの凹凸面がわかる人に・理解するために
※面ファスナーには、チクチク固い凸面と、ふわふわ柔らかい凹面がある |

課題の内容とゴール
板の上にベースとなる各色の積み木が接着されています。手前の積み木も着色され、上下に凹凸面の異なる面ファスナーが貼られています。色分けしつつ、面ファスナーの凹凸面も意識して、全て積み上げることができたらゴールです。

視覚的構造化から読み解くと
視覚的指示 色の違いや面ファスナーの凹凸を、見たり触ったりして判断し、積んでいくとわかります。
視覚的明瞭化 色は明確に区別できるよう色分けされています。
視覚的組織化 ベースの積み木は板に固定され、面ファスナーを正しく貼り合わせて積むと倒れません。

よくあるミスアクションへの対応
面ファスナーの凹凸面を意識できずに積んでしまう場合があります。違いを教えても理解が難しい場合は、凹凸面の区別がない面ファスナーもあるので替えてもよいでしょう。

より難易度を高くする工夫
面ファスナーの凹凸面が理解できれば、ダミーとして凹面と凹面が貼られたものなどを混ぜると難易度を高めることができます。

製作のヒント
積み木は木材に絵の具で色を塗っています。面ファスナーは大きく貼るほうが、積んだ時のバランスがよいです。

Chapter2
6-7
楽しく遊ぶ

バラバラの絵をマッチング

こんな人に、こんな子に
- 絵やイラストをつなぎ合わせて全体として絵を完成できる人に
- パズルが大好きな人に
- パズルの練習を始めたい人に

課題の内容とゴール
イラストの描かれた木の板が4本のレール上にあり、それぞれ左端の1枚は提示されています。別のケースに入っている絵の描かれた板を正しくつなぎ合わせると絵が完成します。4枚の絵が正しく完成できればゴールです。

視覚的構造化から読み解くと
視覚的指示 絵の左側の1枚が見本として提示してあるので、そこから絵をつなげるとわかります。
視覚的明瞭化 それぞれあまり複雑ではないものの、季節感が異なる絵にして、違いを目立たせています。
視覚的組織化 4本のレールの上で他の絵と重なることなく、スッキリと完成します。

よくあるミスアクションへの対応
絵のつながりを理解できないと、適当にレールに並べて完成させてしまいます。1種類の絵から始めたり、完成見本を置くなど、完成がわかるような工夫をする必要があります。

より難易度を高くする工夫
絵を複雑にしたり、パーツを5枚以上に増やすなどすると難易度が上がります。

製作のヒント
レールはインテリアコーナーにある「ウォールバー」で、100円ショップなどでも入手できます。レールの溝の幅より薄い板を切り、4等分にした絵を貼ります。

Chapter2

6-8 トランプをパッケージ

楽しく遊ぶ

こんな人に、こんな子に
- トランプカードの見分けができる人に
- ジッパー付きの袋にパッケージできる人に
- 多くのカード、複雑な種類の分類に対応できる人に

課題の内容とゴール
奥の左に置かれたジッパー付きの袋にトランプカードの見本が貼られています。手前のトランプの束から同じカードを見つけ出し、袋に入れてジッパーを閉め、右に置きます。見本の通り分けて閉めることができたらゴールです。

視覚的構造化から読み解くと
視覚的指示 ジッパー付きの袋に見本カードが貼られ、袋の中に同じものを入れるとわかります。
視覚的明瞭化 見本カードはカードのマークだけがカットされ貼られていて、注目しやすくなっています。
視覚的組織化 完成したものを右に移していくので、どのくらい残っているか把握しやすくなっています。

よくあるミスアクションへの対応
トランプはカードの種類が多く、難しい素材です。特にジャック・クイーン・キングは絵も似ていてわかりづらいようです。初めは4種類のマークがあるのがわかる程度の種類に限定するとよいでしょう。

より難易度を高くする工夫
全てのトランプカードを扱えるようになることが目標です。形が似ている数字（6・9・Q）など、見分けづらいカードの組み合わせも作っておきましょう。

製作のヒント
トランプは、余計な注目をしないよう、裏面のデザインがシンプルなものを選びましょう。完成品を右に置く動作は作業性の向上にもつながります。

6 楽しく遊ぶ [7・8]

111

Chapter2
6-9
楽しく遊ぶ

見本通りにキャップ挿し

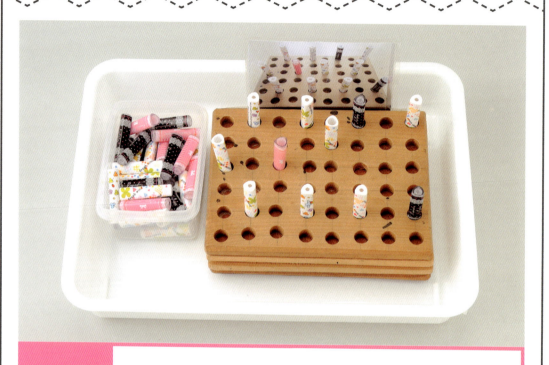

| こんな人に、こんな子に | ■ 見本に注目し、細部まで見分けることのできる人に
■ 縦横に加え、奥行きまで判断できる人に
■ 写真と実物が同じものかどうか見分けられる人に |

課題の内容とゴール
木の板に見本となる写真が提示されています。見本の写真では、何種類かのえんぴつキャップが木の板に挿さっています。見本と全く同じ位置にえんぴつキャップを挿すことができたらゴールです。

視覚的構造化から読み解くと
視覚的指示　見本の写真が大きく提示され、写真の通りに置けばよさそうだとわかります。
視覚的明瞭化　模様入りのえんぴつキャップでも、色は明確に分かれて区別しやすくなっています。
視覚的組織化　穴の位置が等間隔になっており、見本と全く同じように完成させることができます。

よくあるミスアクションへの対応
並びは同じでも、1穴ずれているといったミスがあります。1個空けて挿すという経験を積んでいく必要があります。1個おきの1列のみなど、規則性のある単純化された課題から始めましょう。

より難易度を高くする工夫
複雑な配置の見本で難易度は上がります。また、木の板は重ねて置くことができるので、増やせば時間内に何枚も取り組むことができます。

製作のヒント
受託作業で、このような小さな部品を検品するための穴あきの板があれば流用できます。木の板にドリルで穴を空けて自作することもできます。

Chapter2
6-10
楽しく遊ぶ

職員顔分類

こんな人に、こんな子に
■ 顔写真が好きな人に
■ 職員の顔を覚えてもらいたい人に
■ ぴったりはまる感覚が好きな人に

課題の内容とゴール
職員の顔写真がラミネートされたカードがたくさんあります。カードのサイズとぴったりなケースの中に同じ顔写真を分類しながら入れていきます。知っている職員の顔写真を楽しみながら、全てのカードをケースに入れることができたらゴールです。

視覚的構造化から読み解くと
視覚的指示 ケースの中に1枚だけ見本が入れてあるので、同じ写真を重ねていくとわかります。
視覚的明瞭化 それぞれの職員の顔写真に決まった背景色が使われ、区別しやすくなっています。
視覚的組織化 カードはケースにぴったりで、全て入れると高さもぴったりになります。

よくあるミスアクションへの対応
顔を意識しない人は適当にケースに入れてしまう場合があります。楽しく遊ぶ自立課題なので、分類の要素は省いて、好きな写真をたくさん用意し、眺めながらケースの好きな場所に入れていく設定に変えましょう。

より難易度を高くする工夫
同一職員の違うポーズ、反対の向き、または顔がはっきり写っていない写真なども用意し、同じ職員で分類するという設定にすることで難易度が上がります。

製作のヒント
顔写真を使うので、職員といえども本人の了解が必要です。カードは分類ケースにぴったり入る大きさにカットしましょう。

Chapter2
7-1
学習に役立てる

100までパズル

こんな人に、こんな子に
- 100までの数字の理解がある人に
- 100まで数える練習をするために
- 数字のマッチングができる人に

課題の内容とゴール
ホワイトボードの上に、1から順番に100まで数字が書かれたシートが敷いてあります。右下のケースには数字が書かれたマグネットがあるので、対応させて貼っていきます。全ての数字の枠が正しく埋まったらゴールです。

視覚的構造化から読み解くと
視覚的指示 枠内に数字が書かれ、マグネットにも数字があるので、対応させるのだろうとわかります。
視覚的明瞭化 ボードもマグネットも、数字はくっきりわかりやすい表示になっています。
視覚的組織化 ホワイトボード全面がちょうど100で埋まる大きさに調整してあります。

よくあるミスアクションへの対応
数字の理解がないと、順番に埋めることは困難です。数字のマッチングでできる人もいます。まずは1〜90を埋めた状態で、できたら次は1〜80まで埋めた状態で取り組むというように、徐々に範囲を増やして数字を意識してもらう方法もあります。

より難易度を高くする工夫
数字を全て書かず、1・10など、ポイントとなる数字のみ提示すると難しくなります。

製作のヒント
貼るマグネットはボードの枠よりやや小さめに切ると置きやすく、間違えた時にも取りやすいです。なくしやすいので予備を作っておきましょう。

作りかた

使うもの

材料
❶ ホワイトボード
❷ A4用紙
❸ マグネットシート
❹ マグネットを入れるケース

道具
❺ ハサミ
　ラミネーター・ラミネートシート

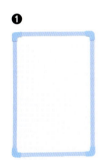

1
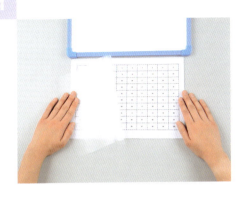

ホワイトボードの大きさを確認し、数字のシートがその隅までぴったりになるよう調整しながらパソコンで作成・印刷し、ラミネート加工します。数字の入れ方は課題を使う人によって検討しましょう。

2

マグネットシートを、数字シートの枠よりやや小さめに、100枚カットします。

3

カットしたマグネットに、1から100まで数字を手で書きます。

4

試行しながら、マグネットの過不足がないか、大きさは均等かを確かめます。

学習に役立てる [1]

Chapter2

7-2 学習に役立てる

アナログ時計マスター
～ファイリングタスク版～

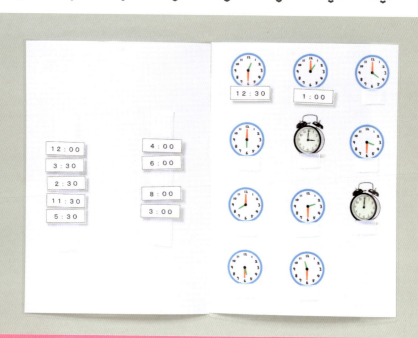

こんな人に、こんな子に

- デジタル時計はわかるが、アナログ時計はいまひとつという人に
- デジタル→アナログ、またはその逆をスムーズに理解できるように
- さまざまなデザインのアナログ時計に慣れるために

課題の内容とゴール

右側にさまざまなアナログ時計が提示されています。左側にはデジタル表記された数字カードが並んでいるので、それぞれのアナログ時計で示された時間に、デジタル表記された数字カードを貼ります。全て正しく貼りつけることができたらゴールです。

視覚的構造化から読み解くと

視覚的指示 アナログ時計の下に面ファスナーがあり、デジタル数字カードを貼る指示とわかります。

視覚的明瞭化 デジタル表記は10分単位のきりがよい設定になっています。

視覚的組織化 ファイルの見開き内に全ての情報が収まり、余計な情報は載っていません。

よくあるミスアクションへの対応

長針、短針、秒針の区別が不完全な人にはわからない時計もあります。まずは、針の区別がしやすいイラストで練習してから、実物の写真を加えましょう。

より難易度を高くする工夫

アナログ時計には、絵が描かれていたり、数字が書かれていないものもあります。さまざまな時計に対応するために、徐々に難しいデザインのものも取り入れます。

製作のヒント

アナログ時計はイラストだけでなく、実物の写真も入れます。発展させるために、多くのイメージ・デザインを組み込んでおきましょう。

作りかた

使うもの

材料
❶アナログ時計イラスト
❷A4用紙
❸面ファスナー

道具
❹ハサミ
　ラミネーター・ラミネートシート

1
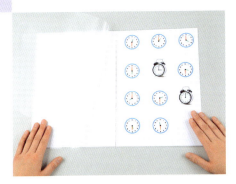

パソコンで、アナログ時計のイラストを、適度な間隔を空けてA4用紙にレイアウトし、カラーで出力します。左に白紙のA4用紙、右に時計のカラー出力を並べ、A3サイズでラミネートをかけます。

2

ワープロソフトでデジタル数字のカードを製作して出力し、ハサミで切ります。ラミネート加工して補強し、裏に面ファスナーを切って貼り付けます。

3

1の左のページに、2のデジタル数字カードの裏面とは違う面の面ファスナーを貼り、カードを貼りつけます。

4
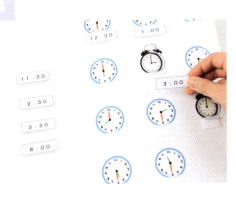

右のページの時計のイラストの下にも、3と同じ面の面ファスナーを貼ります。左のページからデジタル数字カードを取って、しっかり貼り付けられるか確認できたら完成です。

Chapter2
7-3
学習に役立てる

アナログ時計マスター
～卓上スタンド版～

こんな人に、こんな子に
- アナログ時計の読み方をマスターしたい人に
- 指示は理解しているが、注意が散漫で集中できない人に
- カレンダーを1枚ずつめくることができる人に

課題の内容とゴール
めくるタイプのカードの左側にアナログ時計の写真が、右側には対応したデジタル表記の数字を貼るスペースがあります。トレイ内に置かれたデジタル数字のカードから、左の写真の時間に対応するカードを選んで、全て正しく貼りつけられたらゴールです。

視覚的構造化から読み解くと
視覚的指示 左に時計の写真が、右に貼る場所があり、トレイのデジタル数字を選んで貼るとわかります。
視覚的明瞭化 施設で使い慣れている時計の背景を除き、時計部分だけ切り抜いて目立たせています。
視覚的組織化 カード1枚で1課題と同じリズムで、集中しやすいように課題が提示されます。

よくあるミスアクションへの対応
デジタル数字のカードを貼る動作に注目がいき過ぎ、貼る数字が適当になってしまう場合があります。この場合は、この自立課題で時計の練習をするのは適しません。

より難易度を高くする工夫
分単位で設定することで難易度が上がります。手元のデジタル数字カードにもダミーを混ぜておくと難しくなります。

製作のヒント
めくるタイプのカードは卓上カレンダーを流用しています。年末年始に粗品や100円ショップ等で出回るので入手しておきましょう。

Chapter2
7-4
学習に役立てる

小さい・中くらい・大きい

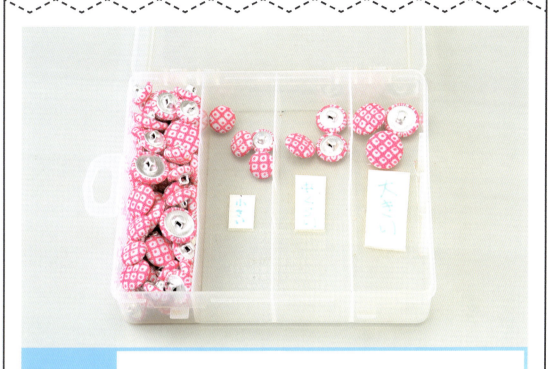

| こんな人に、こんな子に | ■ 大きさの概念を覚えたい人に
■ 日常的に使っているものにも大きさがあることを伝えるために
■ 見た目の大きさの違いに気付ける人に |

課題の内容とゴール

パッケージの中にボタンが入っています。デザインは同じですが、大きさは3種類あるので、大きさごとに右に分類します。全てのボタンを正しく分類できたらゴールです。

視覚的構造化から読み解くと

視覚的指示 「大きい」等違うサイズの文字が書かれ、大きさの違うボタンをそこに入れるとわかります。

視覚的明瞭化 文字による指示以外の情報はなく、指示に注目しやすくなっています。

視覚的組織化 パッケージの中は仕切りで明確に区切られ、混在することはありません。

よくあるミスアクションへの対応

大きさが判別できず、適当に分けてしまう場合があります。まずは中を抜き、大・小だけ、それも明確に区別できるものを用意して練習しましょう。

より難易度を高くする工夫

3種類以上に分けることも可能です。その場合は、大きさを数字で表現したり、アルファベットを書いて見本を置く等の方法があります。

製作のヒント

大きさを比べる対象物は、普段から触れる機会のあるものがよいでしょう。ボタンは大小さまざまあるので導入しやすい素材です。

7 学習に役立てる [3・4]

119

Chapter2

7-5
学習に役立てる

文字の組み立てパズル

こんな人に、こんな子に
- 漢字やひらがながわかる人に
- 見本があれば文字を完成できる人に
- 文字の理解が不完全でも、親しんでいる文字は何とかわかる人に

課題の内容とゴール
ホワイトボードの上に、半分に切られた文字のマグネットが並んでいます。右上にある見本を見ながら、文字の残りの部分を右下から選んで完成させます。見本の通り全ての文字が完成すればゴールです。

視覚的構造化から読み解くと
視覚的指示 見本により完成形が示され、この通りに組み合わせるのだとわかります。
視覚的明瞭化 文字は大きめのマグネットに見やすく大きく書かれています。
視覚的組織化 1文字ずつ枠で囲まれ、1つのパズルのように文字の左右を組み合わせることができます。

よくあるミスアクションへの対応
見本を見てもできない場合は、文字マグネットの周囲や文字色をホワイトボードの枠の色と同じにして一体的にするという方法があります。

より難易度を高くする工夫
漢字の種類を増やすと、漢字に親しむ機会を増やせます。本人の身近でよく使われている漢字を使うとよいでしょう。

製作のヒント
文字がわからない人でも、この課題のように見本があるとできる場合があります。自分の名前など、覚えてほしい文字にチャレンジしてみましょう。

Chapter2
7-6
学習に役立てる

決まった数の磁石乗せ

こんな人に、こんな子に
- 数字の概念がわかる人に
- 磁石を扱える人に
- 磁石のくっつく感覚が好きな人に

課題の内容とゴール
ホワイトボードの上に数字の枠が書かれたシートが置かれています。各枠の数字の数だけ、左奥のケースの磁石を積み上げていきます。全ての数字の数を積み上げることができたらゴールです。

視覚的構造化から読み解くと
視覚的指示 磁石の形の枠内に数字が書かれているので、枠に数字分のマグネットを積むとわかります。
視覚的明瞭化 色の枠は目立つ色で他の枠と離れているので、それぞれ独立した課題だとわかります。
視覚的組織化 色の枠は磁石とほとんど同じ大きさです。また、強力な磁石で積んでも倒れません。

よくあるミスアクションへの対応
数字がわからないと、いくつ積み上げるかがわかりません。この場合、色の枠の中は数字ではなく、視覚的に何個積むのかわかるようなイラストにしてもよいでしょう。

より難易度を高くする工夫
10個以上の数字にすると、完成品を運ぶ時に倒れないよう注意するので、丁寧な物の扱いを学ぶことができます。

製作のヒント
弱い磁石だと積んでも倒れる場合があります。また、注目をそらさないため、模様のない磁石を選ぶとよいでしょう。

Chapter2
7-7
学習に役立てる

どちらが重い？

こんな人に、こんな子に
- 重さの概念を理解するために
- イラストが何を示しているのか理解できる人に
- 物を見比べる練習をしたい人に

課題の内容とゴール
重さの概念を学ぶための自立課題です。ファイルに比較対象となるイラストがあり、どちらが重いか、軽いかで分類していきます。全ての分類ができたらゴールです。答えを暗記できないように問題の位置も変えられるよう工夫しています。

視覚的構造化から読み解くと
視覚的指示 上部中央に文字による指示があり、並んだ2つのものを比べることがわかります。
視覚的明瞭化 見た目にもどちらが重いかわかるように、明確なイメージイラストの提示がされています。
視覚的組織化 各枠で1問ずつ回答するという規則性があり、ファイルの見開き内で完結します。

よくあるミスアクションへの対応
重い軽いは理解できていても、文字による指示では伝わらない場合があります。重い軽いの視覚的表現として天秤や計りの絵を使うなど、視覚的な伝え方を意識しましょう。

より難易度を高くする工夫
重さの違いが、少し考えないとわからないものに替えたり、身近なものを使うとより日常に活かせるでしょう。

製作のヒント
明確に重さが違う、明らかに分類できるようなもの同士のペアにしてあります。できれば触れたことのある、生活に馴染みのあるものから始めましょう。

Chapter2

7-8
学習に役立てる

どの国の国旗？

こんな人に、こんな子に
- 国旗に興味のある人に
- 国旗が何のことかわからなくても、デザインで区別できる人に
- カード入れに挿す動作を練習したい人に

課題の内容とゴール
各国の国旗の見本が貼られたカード入れが、トレイ上に置いてあります。左手前のケース内にはそれらの国旗カードがたくさん入っています。同じ国旗をカード入れに挿入し、全て挿入できたらゴールです。

視覚的構造化から読み解くと
視覚的指示　見本と同じデザインの国旗カード入れがあり、そこに同じカードを入れるとわかります。
視覚的明瞭化　国旗カードには国旗のデザインだけが描かれ、デザインも判別しやすい国旗を選んでいます。
視覚的組織化　カード入れは固定されており、国旗カードが入れやすくなっています。

よくあるミスアクションへの対応
国旗デザインの判別ができず、適当に入れてしまう場合があります。日の丸や星条旗など明らかに違うデザインの分類から始めましょう。

より難易度を高くする工夫
欧州の国旗はデザインが似ていて難しい傾向があるので、いくつか入れてみましょう。細かい見分けが好きな人にはむしろ好きな自立課題になるかもしれません。

製作のヒント
見本には国の名前も書いてあります。覚えるきっかけになるかもしれません。紛らわしい国旗は離して提示しましょう。

Chapter2
7-9
学習に役立てる

地図と国旗をマッチング

| こんな人に、こんな子に | ■ 国旗に興味関心がある人に
■ 国旗からさらに国名や地域も学習するために
■ 世界地図の学習をしたい人に |

課題の内容とゴール
トレイの上に、国旗と国名が描かれた世界地図があります。各国の国旗近くの場所に穴が空いているので、手元の国旗を立てていきます。全ての国旗を正しく立てることができたらゴールです。

視覚的構造化から読み解くと
視覚的指示　国名と国旗の見本が描かれ穴が空いているので、そこに国旗を立てるとわかります。
視覚的明瞭化　旗竿の長さを変えてあるので、国旗を立てても前方からどの旗も目に入ります。
視覚的組織化　世界地図・立てた旗ともに、トレイの内部にすっぽり収まります。

よくあるミスアクションへの対応
地図に描かれた国旗の見本を意識しないと、手元の旗を適当に立ててしまいます。色やデザインが明確に違う国旗を用意し、違いを見分けるところからスタートしましょう。

より難易度を高くする工夫
「どの国の国旗?」(p123)と同じく、デザインが類似した欧州の国旗を入れると、地域も近く、難易度が増します。

製作のヒント
世界地図と国旗はパソコンで製作します。パンチボードの穴を利用して挿せるよう、地図をラミネートしてから、ちょうどいい位置を見極め、キリで地道に穴を空け、旗を立てます。

Chapter2

7-10 数字でグラフ作り

学習に役立てる

こんな人に、こんな子に
- 数字が理解できる人に
- 量的な要素を盛り込んだ数字の概念を視覚的に学びたい人に
- グラフの学習をしたい人に

課題の内容とゴール
ホワイトボードにグラフシートが敷かれています。グラフには数字が書かれていて、その数だけマグネットを貼ります。全ての数に対応して貼れたらゴールです。マグネットを貼る部分には枠（目盛り）があり、整列して貼れるので、横列で枚数を比較することができます。

視覚的構造化から読み解くと
視覚的指示 数字でマグネットを貼る枚数が、枠線で貼る場所が指示されています。
視覚的明瞭化 ホワイトボードに黒い線が引かれ、青い色のマグネットで各グラフの数値がわかります。
視覚的組織化 枠線が目安となり、均等な間隔でマグネットを貼ることができます。

よくあるミスアクションへの対応
数字の指示が理解できないと完成できません。グラフごとに写真や絵で何枚マグネットを貼るか提示する方法がありますが、この場合、数字の理解というより、マッチングの自立課題に近くなります。

より難易度を高くする工夫
立体的なマグネットを使うこともできます。平面から立体感が出ることによって、わかりにくくなる人もいます。

製作のヒント
毎回数字の指示を変えられるように、数字もマグネット等で作りましょう。グラフに貼る青いマグネットも、数字の合計以上の枚数をケースに入れておきましょう。

Chapter2

7-11
学習に役立てる

乗り物大分類

こんな人に、こんな子に
- 乗り物が大好きな人に
- 乗り物にも属性があることを知るために
- イラストの乗り物が何かわかる人に

課題の内容とゴール
乗り物の属性をファイリングタスク形式で学ぶ自立課題です。下に乗り物のイラストがたくさんあります。上の枠に、書かれた属性に分けて貼っていきます。全ての乗り物を正しく分類できたらゴールです。

視覚的構造化から読み解くと
視覚的指示 文字による指示があり、どのような分け方をすればよいかがわかります。
視覚的明瞭化 4種類の分類先はどれも枠線で明確に囲われています。
視覚的組織化 全てを正しく分類しても枠からはみ出すことはありません。

よくあるミスアクションへの対応
文字による指示がわからないと分類できません。また、イラスト内の海や空の概念の理解が難しい人もいます。乗り物内での細かい分類ではなく、乗り物と食べ物など、大きな属性で分類するという方法もあります。

より難易度を高くする工夫
文字がわかる人であれば、イラストではなく文字で書いたカードを分類することもできます。

製作のヒント
気球など見たことのない乗り物も学ぶ機会となります。さらには「魔女」など空想上のものも、「どのように動くか」というイメージを共有するのに役立ちます。

Chapter2
7-12
学習に役立てる

デジタル数字作り

こんな人に、こんな子に
- 数字が理解できる人に
- 見本を理解して模倣できる人に
- デジタル数字に慣れてほしい人に

課題の内容とゴール
マグネットバーで数字を組み立てる課題です。見本の通り、デジタルの数字をマグネットバーで作っていきます。見本通りの数字ができたらゴールです。見本は複数作っておいてもよいですが、一度の課題で取り組むのは原則として1つです。

視覚的構造化から読み解くと
視覚的指示　「みほん」と文字で指示があり、その通りに作るよう指示されていることがわかります。
視覚的明瞭化　白いホワイトボード上の黒いマグネットバーが目立ち、数字を認識させます。
視覚的組織化　マグネットバーの組み合わせで、必ずデジタル数字ができあがります。

よくあるミスアクションへの対応
見本の見方が甘く、違う位置にマグネットバーを置いてしまったり、逆に見本に注目しすぎて数字であるという認識ができない場合もあります。まずは見本の通りにマグネットバーを並べる練習から入りましょう。

より難易度を高くする工夫
見本を、完成形を撮った写真ではなく、手書きにすることで難易度が上がります。どんな見本でも数字が作れれば般化されたといえます。

製作のヒント
ガソリンスタンドの価格の表記を見て思いついた自立課題です。マグネットバーの長さとホワイトボードのサイズを確認して作りましょう。

Chapter2
7-13
学習に役立てる

身体の名前クイズ

こんな人に、こんな子に
- 身体の部位の名称を学習するために
- ひらがなが理解できる人に
- 自分の身体のつくりを客観的に知るために

課題の内容とゴール
ホワイトボードに身体のイラストが貼ってあります。身体の各部位を指し示す矢印と枠があるので、ケースにある身体の部分の名前が書かれたカード（マグネット）を貼って答えます。全ての名前を答えることができたらゴールです。

視覚的構造化から読み解くと
視覚的指示 身体の部位を指す矢印と空き枠があるので、この部分の名前を答えるのだろうとわかります。
視覚的明瞭化 名前カードは縁どられていて目立ちます。文字も全て同色で大きく書かれています。
視覚的組織化 カードを貼る位置が枠で示され、わかりやすくなっています。

よくあるミスアクションへの対応
ひらがなが読めても、部位の名前がわからずできない場合があります。まずは一対一活動で部位の名前を教え、覚えてから自立課題として1人で取り組んでみましょう。

より難易度を高くする工夫
身体の一部を大きく拡大した写真やイラストを使用して、細かな部位（まゆげ、親指など）も学習することができます。

製作のヒント
身体の名前や部位は概念的で、明確な仕切りがなく不明瞭なので学習しにくいものです。「あたま」「おなか」など明らかにわかるものからスタートしましょう。

Chapter2

7-14 学習に役立てる

これは何色？
～カード版～

こんな人に、こんな子に
- 色の概念を学習したい人に
- 個別具体的な色ではなく、一般的な色のイメージをつけたい人に
- 物や動物、事象の名前を色と一緒に学習したい人に

課題の内容とゴール
ホワイトボードの左側に事象の名前が書かれています。それが一般的に何色のものかを判断して、右側に対応するカード（マグネット）を貼っていきます。最初に色の名前を貼り、事象の名前を後から貼ることもできます。全て正しく貼ることができたらゴールです。

視覚的構造化から読み解くと
視覚的指示 文字による指示に加え、事象と色の概念を対応させることがわかるようラインが引かれています。

視覚的明瞭化 「あか」は赤い字、「きいろ」は黄色の字など、文字の色でも判別できます。

視覚的組織化 枠線がはっきり描かれ、一対一対応ができるようになっています。

よくあるミスアクションへの対応
「そら」の色は大人でも難しく、「スイカ」なら外側は緑・内側は赤と、一対一対応できる事象だけではないので困ってしまう場合があります。色が明確に分類できる物からはじめ、徐々に概念を広げましょう。

より難易度を高くする工夫
色だけでなく、「ひろい」「おおきい」といったカードも作っておくと、概念学習の幅が広がります。例えば、「そら」→「ひろい」、「うみ」→「おおきい」など。

製作のヒント
身近にあり、「ポスト」のように色がそれを象徴するようなものから始めましょう。事象のカードを多く作っておくとバリエーションが増えます。

学習に役立てる

マークはいくつ？

| こんな人に、こんな子に | ■ 数を数える練習をしている人に
■ 10程度までの数を数えられる人に
■ バラバラに配置されたシンボルを数える練習をするために |

課題の内容とゴール

トレイの上に、めくるタイプのスタンド（卓上カレンダーを使用）があります。左にシンボルが数個描かれているので、その数を数えて、トレイの中から答えの数字カードを選び、右に貼ります。全て正しく貼れたらゴールです。

視覚的構造化から読み解くと

視覚的指示 複数のシンボルからのびる矢印の先にスペースがあるので、数字を貼るのだろうとわかります。

視覚的明瞭化 めくるタイプのスタンドにはシンボルと矢印以外の余分な情報はありません。

視覚的組織化 スタンドは、左にシンボル、右に数字カードを貼ってぴったりのサイズです。

よくあるミスアクションへの対応

シンボルがバラバラに並んでいたり、大きさがまちまちだと数えられない場合があります。まずはシンボルが整列し大きさも揃ったものから始め、徐々にシンボルをランダムに散らしていきましょう。

より難易度を高くする工夫

シンボル以外の情報（模様、柄が背景にあるなど）もスタンドの中に入れると、シンボルだけ抜き出して数える難易度は上がります。

製作のヒント

シンボルは、ランダムに示す場合でもパソコンで作ったほうが数えやすいようです。他の自立課題でも、手描きより機械的なプリントのほうがわかりやすいことが多いです。

Chapter2
7-16
学習に役立てる

ひらがな虫くいクイズ

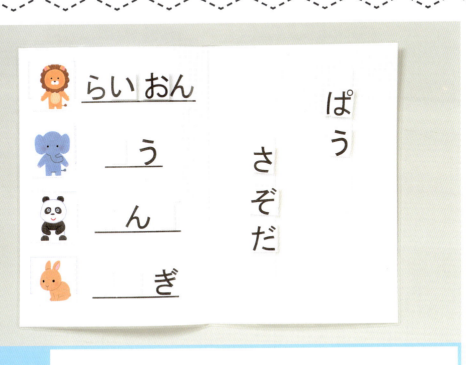

こんな人に、こんな子に
- 文字がわかる人に
- 動物が好きな人に
- 学習的な自立課題を求めている人に

課題の内容とゴール
ファイルされた動物のイラストの横に、ひらがなで動物の名前の一部が書かれていますが、ところどころ空いています。右側のリストから適切な文字を選んで、全ての動物の名前を完成させることができたらゴールです。

視覚的構造化から読み解くと
視覚的指示 名前の一部が空欄で、一方にひらがながあるので、空いた部分に貼っていくことがわかります。
視覚的明瞭化 動物のイラストの隣に名前が大きく表示してあり、わかりやすくなっています。
視覚的組織化 イラスト・文字はそれぞれ全て同じサイズで、統一感があります。

よくあるミスアクションへの対応
文字がわからない人は完成させることができません。左ページにも文字を印刷し、上から同じ文字を貼るというマッチング課題に変更してもよいでしょう。

より難易度を高くする工夫
この自立課題ができるくらい文字がわかる人であれば、応用して物の名前を次々と教えていくことができます。サイズを小さくすると、1ページにたくさんの動物を提示できます。

製作のヒント
本人の好きな食べ物などでも、取り組むモチベーションが上がります。実物の写真にしてバリエーションを増やすこともできます。

Chapter2
7-17 学習に役立てる

頭文字のアルファベットは？

こんな人に、こんな子に
- アルファベットに興味のある人に
- 単語の一部に注目できる人に
- カタカナを理解できる人に

課題の内容とゴール
英単語のスペルと和訳が書かれたブロックが手前のケースにあります。アルファベットの頭文字に注目し、奥の4種類のケースに分類していきます。全てのブロックの頭文字を見極めて正しく分類できればゴールです。

視覚的構造化から読み解くと
視覚的指示 分類先にA～Dが大きく立体的に提示され、その箱に入れることがわかります。
視覚的明瞭化 ブロックの語の頭文字は大きく印字され、文字ごとに色を変えて目立たせています。
視覚的組織化 分類先は4つのケースなので、混ざることなく明確に分類できます。

よくあるミスアクションへの対応
頭文字に注目できないと上手に分類できません。色分類もできますが、アルファベット・頭文字の認識が主題なので、文字にこだわりたいところ。単語ではなく、A～Dのアルファベットのみのブロックから始めてもよいでしょう。

より難易度を高くする工夫
頭文字に色や大小の差をつけず、単語全体で同じ表示にすると、頭文字の見分けが難しくなります。

製作のヒント
英語が好きな方のために作った自立課題です。大きなアルファベットのモチーフは、100円ショップのインテリアコーナー等にあります。

第 **3** 章

自立課題を日課に
組み入れる

第3章　自立課題を日課に組み入れる

1 | 構造化された環境を設定する

　自立課題が製作できたら、いよいよ実践です。自立課題を支援者の都合やタイミングで提供していては、自閉症の人も見通しがたたず、毎回混乱してしまいます。自立課題を提供する時は、第1章でも触れた「構造化された環境」（p10,20）を設定しましょう。

　自閉症の人にとって、世の中の仕組みはわかりづらいものです。私たちがよかれと思って情報を伝えようと思っても、多すぎると混乱し、少なすぎても理解できません ［図1］。本人にとって適正な情報量はそれぞれ違うので、構造化を通して伝える量を考えましょう。

　刺激に敏感な人も多く、私たちにとっては何でもない刺激が大きな支障をきたす場合もあります ［図2］。そんな時も構造化を活用してより適した環境を作ることで、快適な自立課題の時間を設定することができます。

　このような「構造化された環境」を設定することで、自閉症の人にとって自立課題の時間は安心で見通しのある楽しい時間となり、1日の日課の柱として機能させることができるでしょう。

［図1］

情報が多すぎる！

0　3　6　9　12　15　18　21　24　27　30　33　36　39　42　45　48　51　54　57　60　63　66　69　72　75　78　81　84　87　90

情報が少なすぎる！

0　　　　　24　　　　　48　　　63　　　78　　　90

ちょうどいい情報量

0　　10　　20　　30　　40　　50　　60　　70　　80　　90

[図2]

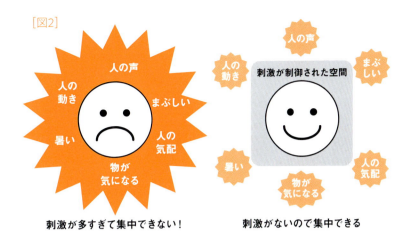

刺激が多すぎて集中できない！　　刺激がないので集中できる

「構造化された環境」の作り方は以下の通りです。各項目は、p136の「構造化評価シート」[表2]に対応しています。記入しながら一人ひとりに合わせた構造化をできるようにしましょう。

1. スケジュールの設定

まず、スケジュールで、本人の日課の中でどの時間帯に、どのくらいの時間取り組むのかということを示します。つまり、「時間の構造化」をするのです。

本人の集中力や意欲、スタミナ等を考えて、どの程度の時間が適切かを考えましょう。人によっては10分からスタートしたり、30分までだったり、60分以上継続的に取り組める人もいるかもしれません。

時間帯も大切です。がんばって取り組んだ後に給食がある、外出活動があるなど、楽しみとなる活動をその後のスケジュールに入れておくのも、本人のモチベーションの維持に有効です。

スケジュールを作る時は、写真で示すのか、文字で示すのか、どこに提示するのか、どんな方法で提示するのか、提示の範囲はどうするかなど、細かくバリエーションを考えて行いましょう。

2. 物理的構造化の設定

自立課題を取り組む場所を設定するのが、「物理的構造化」です。これは、場所と活動を一対一で対応させることで、「この机では自立課題をやる」「ここに座ったら

［表2］ 構造化評価シート

利用者名：	記入者名：	記入年月日：

全ての構造化には視覚的構造化（指示・明瞭化・組織化）の要素を組み込むこと

スケジュール		物理的構造化	
提示形態		**刺激の制限**	
☐写真		☐パーテーション	
☐絵		☐壁・棚・メタルラック	
☐文字		☐カーテン	
☐実物		☐音の制限	
☐その他		☐空調の制限	
提示場所		☐その他	
☐自分の机・周辺		**統制されたエリア**	
☐トランジッションエリア		☐個別のエリアの設定	
☐その他		☐個別の机・いす・ラック・床材等	
提示方法		☐場所と活動の一対一対応化	
☐クリップ止め		☐その他	
☐面ファスナー		**ワークシステム**	
☐マグネット		**何をするのか**	
☐ポストイット・紙（使い切り）		☐目の前にあるもの・決まった活動	
☐ホワイトボードに書き込み		☐カラーボックスの上から・左から	
☐その他		☐全体の棚からマッチングなど	
提示範囲		☐全体の棚からチェックリストなど	
☐1日全体		☐その他	
☐午前・午後		**どれくらいするのか**	
☐2つ〜3つのみ		☐目の前のもの・決まった活動全て	
☐次の日課のみ		☐カラーボックスのもの全て	
提示内容		☐マッチングカード全て	
☐日課の細かい内容まで		☐チェックリストのもの全て	
☐日課の大まかな内容のみ		☐その他	
☐何をするかのみ		**どうなったら終わりなのか**	
☐その他		☐時間になったら	
操作方法		☐一連の活動が終わったら	
☐提示のみ		☐職員からの合図	
☐持ち運び		☐「おしまい」カードが出てきたら	
☐フィニッシュボックス		☐タイマーがなったら	
☐職員からの提示		☐フィニッシュボックスに入れたら	
☐その他		☐見えなくなったら	
トランジッション		☐材料がなくなったら	
☐タイマー		☐満たんになったら	
☐職員の合図		☐チェックリストが終わったら	
☐何らかのルーティーン		☐その他	
☐その他		**終わったらどうするのか**	
		☐職員に報告・指示を受ける	
		☐決められた行動（手洗いなど）をする	
		☐決められた休憩（横になるなど）をする	
		☐トランジッションカードを見る	
		☐スケジュールを見る	

トランジッション：「移行」の意で、活動と活動の切り替えのこと。
トランジッションエリア：活動の切り替えのポイントとなる場所。例えば、スケジュールが提示してある場所など。

自立課題をやる」という設定をすると、スムーズな取り組みができるようになります。机やいすがなくても、明確な境界線やパーテーションで「ここは自立課題をする場所」と設定することもできます。

物理的構造化は、場所と環境の構造化なので、音が苦手であれば部屋の隅、外が見えると出たくなってしまうなら窓に背を向けたりカーテンをすることも含みます。

また、構造化は個別化が原則です。集団の部屋で活動していても、課題に取り組む時に個別の机が必要であれば用意しましょう。他の人の正面や隣に座るよりも、壁のほうを向いたり、他の人と背中合わせで取り組むほうが集中できる場合があります。場合によっては、周りの刺激を避けるために別室を用意することも視野に入れます。

いずれも本人の特性をしっかり把握して、どの程度の物理的構造化が必要なのか考えましょう。

構造化評価シートを使うと、刺激の制限の方法や、活動場所の設定が一人ひとりに合わせて設定できるよう整理できるので、活用してみてください。

3. ワークシステムの設定

ワークシステムは、①何をするのか、②どれくらいするのか、③どうなったら終わりなのか、④終わったらどうするのか、の4つのポイントを、本人がわかる方法で知らせること、つまり「活動の構造化」です。

① 「何をするのか」を示す

スケジュールによって自立課題を行う時間が、物理的構造化によってどこで取り組むのかがわかりました。次は「何をするか」を伝えます。複数ある自立課題の中から、何を選んで始めるのかを自分で理解し、動き出してもらいます。

自立課題の所要時間はさまざまです。「1つやっておしまい」というのも問題ありませんが、活動の幅を広げるためにも、複数取り組めるようにしたいものです。日常的に複数のカテゴリーの自立課題をいくつか設定しておくことをお勧めします。スケジュールで10分・30分などの時間を設定した場合に、何種類程度の自立課題をできそうか見積もって提示しましょう。

複数の自立課題を提示する方法は、カラーボックスに仕

切りをつけて、上から順に取ってもらう方法（後述事例1・3）や、机の前に番号や絵、シンボルが書かれているカードを提示しておき、同じカードが貼ってある自立課題を棚に取りに行くといった方法もあります。他にもさまざまなバリエーションが全国で実践・報告されていて、TEACCHプログラム研究会の研修会等で学ぶことができます。

② 「どれくらいするのか」を示す

複数の自立課題を提供する際、どんな順番で行うのか、いくつの自立課題をやるのかという見通しが立つように提供します。例えば、自立課題がやる順番に並べて置かれていたり、棚に番号付きで並べられていて、本人が手元のリスト通りに持ってくる方法などがあります。これも色々なバリエーションがあるので、本人に合った方法を見つけましょう。

③ 「どうなったら終わりか」を示す

自立課題をゴールまで行った後、それをどうするのか、どうなったらその自立課題がおしまいなのかを知らせます。例えば、完成したら「支援者に報告」したり、フィニッシュボックスと呼ばれる「おしまい箱」に入れて終わりにしたり、時間がわかる人は時間やタイマーの合図で終わりを知らせたり、手元の材料がなくなったら、見えなくなったらなど、終わりを伝える方法がいくつかあります。

④ 「終わったらどうするのか」を示す

「終わり」のときの行動と、その次のアクションのきっかけまでを、本人にわかりやすい方法で伝えていきます。支援者に報告して次の指示を聞くのか、完成した自立課題を元の場所に戻して合図を待つのか、次のスケジュールをチェックしに行くのか、休憩するのか、お茶を飲むのかなどの方法があります。

これら4つのポイントの設定も、構造化評価シートで整理できるようになっています。

4. 自立課題の選び方

　構造化の準備ができたら、自立課題の導入です。まずは本人の「得意なこと」「好きなこと」「できること」に適した自立課題を選択しましょう。自分で選べる場合は選んでもらいますが、興味が偏りすぎるとワンパターンの自立課題しか選ばなくなる傾向があります。いくつかは支援者が選んで提供しましょう。支援者が自立課題を選んで提供する場合、さまざまなカテゴリー、課題の形のバリエーション（シューボックスタスクやファイリングタスクなど）を組み合わせて取り組めるように意識して、複数の課題をセットしてください。

　初めて自立課題に触れる人、あまり長く取り組めない、簡単なことしか取り組めないといった人には、「プットイン」カテゴリーの課題（p60〜75）を提供することをお勧めします。簡単にできて、達成感も得やすい自立課題です。

　慣れてきたら、逆に簡単すぎてもモチベーションが上がらないものです。第2章の「より難易度を高くする工夫」を参照に、徐々に課題を難しくしたり、別カテゴリーの課題も取り入れていきましょう。時には「もう少しでできそう」という「芽生え反応」（p15）のある自立課題に少しずつ入れるチャレンジをしてもらうのもいいですね。自立課題を通して、新たな経験や学習、余暇に応用できる可能性を伸ばすことができます。

2 「構造化された環境」セットアップ例

　自立課題を提示するための「構造化された環境」を、事例で具体的に見ていきましょう。

＜事例1＞

[写真1] 刺激に敏感ですが、1人で過ごすより他の人と一緒に過ごしたいというニーズのある方の事例です。7人ほどが活動する部屋の隅に個別の机を設置し、活動場所は分けられるように物理的構造化をしました。飛び出しや飛び跳ねへの対応として、また余計な視覚刺激を制限する

【写真1】物理的構造化

ため、三方は壁や扉で囲んでいます。いすの背後のメタルラックは別の席との境界です。暑さ・寒さにも敏感なので、空調管理も細やかに行います。

【写真2】写真1の左上にスケジュールが提示されています。このスケジュールの中に自立課題の時間が組み込まれています。この例では、今日のスケジュールが

　①自立課題（課題が置いてある棚のスナップ）
　②車に乗る
　③おやつ

という順序で、それぞれ象徴的なスナップで示されています。

　スケジュールのどこに自立課題の時間を設定するかについて、本人と相談するのもいいですが、楽しいことの前に設定するなど、モチベーションを高くして自立課題に取り組める時間帯を考えましょう。

　この方の場合は、自立課題をがんばったら大好きな車に乗れるという設定をしています。車に乗れるようにがんばって！という意味が込められています。

【写真3】「何（の自立課題）をするのか」を示すワークシステムは、スケジュールの下にセットアップされ、視覚的に、セットされた自立課題を「上から順に取り組む」という指示がなされています。

その他にも、

　何をするのか：カラーボックスの自立課題を
　どれくらいするのか：カラーボックス内の自立課題を全て
　どうなったら終わりなのか：終わった自立課題をおしまい箱（フィニッシュボックス：写真4）に入れたら
　終わったらどうするのか：音楽を聴いて休憩する

というワークシステムが組まれています。フィニッシュボックスは、ダンボール箱にふたがついています。終了した自立課題に再び興味が向かないように、見えなくする支援です。

　この方は、座布団の上で音楽を聴くのが趣味なので、自立課題をがんばって早く終えることができれば、カラーボックスの一番下にあるCDをラジカセで聴くことができるという設定です。次の予定の時間まで音楽を聴いて休憩

【写真2】スケジュール

【写真3】ワークシステム「何をするのか」

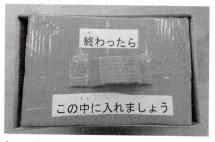

【写真4】ワークシステム　おしまい箱（フィニッシュボックス）

することができるのです。

<事例2>

【写真5】この方は専用個室を使用しています。とても刺激に敏感で、他の人がいると気になってしまうからです。部屋全体が物理的構造化されているのが理想的な個室といえます。誰からも邪魔されない空間なので、黙々と自立課題に取り組むことができます。

掲載写真は単色ですが、黄色や緑色が好きで、これらの色に囲まれているととてもリラックスできる人なので、部屋の壁は黄色と緑色で飾ってあります。

【写真5】物理的構造化

【写真6】この方のスケジュールは、職員がその都度提示しています。先々のスケジュールまで提示すると、その次が気になりすぎて、今やることが手につかなくなってしまうからです。

自立課題の時間は個室を使っていますが、散歩など外出の場面もあります。その時は、スケジュールを示した写真をお盆に乗せ、両手で持って車に乗ります。個室から出ると、周囲のさまざまなものに気が散って、今、何をする時間だったかを忘れてしまうからです。しかし、お盆を両手に持っていることで、常に目の前に今やるべきスケジュールが示されているので、少し脱線しても、本来のスケジュールに戻りやすいのです。

【写真6】スケジュール

【写真7】この方の場合、自立課題は1回の活動時間に1種類のみ、提供しています。その代わり、自立課題は10～40分程度かかるものにしています。1つ終わったら休憩し、それが終わったらまた自立課題を1種類行うという繰り返しは、本人の見通しがつきやすいからです。

p113で紹介した「職員顔分類」【写真7】は、この方の大好きな自立課題の1つです。アルバムや人の顔を眺めるのが大好きなので、この自立課題の製作を思いつくことができたのです。

この方の場合、以下のワークシステムが組まれています。

何をするのか：スケジュール提示と同時に2～4種類の中から自分で選んだもの

【写真7】大好きな自立課題

どれくらいするのか：目の前に出された、もしくは自分で選んだ自立課題1種類

どうなったら終わりなのか：完成したら、職員に報告しておしまい

終わったらどうするのか：【写真8】ソファで寝ころびながら、大好きなデジタルフォトフレームを見て休憩する

デジタルフォトフレームには数千枚の写真が入っており、飽きずに休憩を過ごしているようです。

【写真8】休憩場所のデジタルフォトフレーム

<事例3>

【写真9】この方も個室を使用しています。刺激に敏感で、大きな声を出す人が苦手なため、スケジュールや休憩も個室の中ででき、他の人の刺激から守られるようになっています。部屋全体を物理的構造化することで、静かな環境を設定し、黙々と自立課題に取り組むことができます。

また、狭いところが好きなので、個室の中にさらにパーテーションを置いてエリアを小さくしたり、隅に休憩用のソファを置いたりと、工夫しています。

【写真9】物理的構造化

【写真10】字が読める方なので、スケジュールは小さなホワイトボードにひらがなで書いてあります（右）。一日の見通しもわかる方で、日替わりで組まれる日課がわかれば、「朝礼」「給食」など毎日のルーティーンは理解できるため、提示しなくても問題ありません。

スケジュールの横には献立表が掲示してあります（左）。献立表は、給食の楽しみを高揚させるのとあわせて、「1か月のカレンダー」でもあるので、「曜日」「今日が何日か」といった感覚をつかむことができます。

ちなみに、この献立では、金曜日は必ずデザートが出ます。「デザートが出ると明日は休み」という見通しもできるのです。

【写真10】スケジュール

【写真11】ワークシステムは【写真9】のいすの後ろにセットアップされています。セットされた自立課題を上から順に取り組むという指示が視覚的になされています。

この人のワークシステムは、以下のように組まれています。

何をするのか：カラーボックスの自立課題を

【写真11】ワークシステム「何をするのか」

【写真12】ワークシステム　おしまい箱（フィニッシュボックス）

【写真13】ワークシステム「終わったらどうするのか」

どれくらいするのか：カラーボックスの自立課題を全て
どうなったら終わりなのか：おしまい箱（フィニッシュボックス）【写真12】に入れたら
終わったらどうするのか：ワークシステムの最後に出てくる「おしまいカード」【写真13】にある指示を読む

　この方は、ソファの上で寝転がって過ごすことが大好きなので、おしまいカードには、自立課題をがんばって早く終えることができれば、ソファで寝ころんで休憩できるという意味の指示が書いてあります。

3 活動場所と相性の問題、支援体制の工夫

●空間・時間の隙間を見つけよう

　構造化された環境での自立課題の実践例を紹介しましたが、施設によっては物理的な問題からこのような個室や個別のスペースを準備できないというところもあります。

　しかし、もう一度施設全体を見まわしてみましょう。どこかに一時でも使っていない空間はありませんか？　きちんとした部屋でなくても、食堂や医務室、相談室、会議室など一時的に空いている部屋はあるはずです。その場所で1日中自立課題をするわけではなく、自立課題の時間のみ使えれば、その空間は立派な活動室として機能します。

●空間・時間で衝突を予防しよう

　自閉症の人同士の相性の問題には、多くの支援者が悩んでいることでしょう。社会性の障がいやコミュニケーションの障がいがある自閉症の人にとって、人との関係はつまずきやすいポイントです。私たちの場合だと「嫌いでも表に出さずに付き合う」「嫌いでも歩み寄る努力はする」といった行動をとることができますが、自閉症の人はそういった発想には至りにくいものです。

　こうした場合、環境の配慮により、問題を軽減するという考え方も必要です。

　何らかの理由で同じ空間にいるとトラブルになってしまうなら、動線を分けるという方法があります。自閉症の人はルーティーンを好むので、移動も同じルートを通ること

が多いです。そのルートを把握し、相性の悪い人同士が
違うルートを通るように動線を設定すれば、衝突を回避す
ることができます。

　相性の悪い人同士が同じ空間で過ごす場合でも、日
課・プログラムを時間で分けることで回避することもでき
ます。例えばAさんとBさんの相性が悪い場合、「Aさんが
自立課題の時間の時は、Bさんは散歩」「Bさんが自立課
題の時間は、Aさんは工場へ納品」というように、日課・
プログラムを分ければ、接触する時間を大幅に減少し、
予め衝突を回避することができます。

4 ｜ 自立課題の評価と再構造化

　構造化された環境で自立課題に取り組んでもらったら、
支援者は、その結果を評価します。自立課題にはそれぞ
れねらいがあります。そのねらいが達成できているのか、
それとも不都合があったのか、取り組んだ後に評価をしな
ければ、次にどんな目標を立て、どんなねらいで自立課題
を提供したらよいか、支援計画が組めません。

　「自立課題評価シート」[表3] で、何ができて何が苦手
なのか、現状のスキルをチェックしてみましょう。この表は
基本的にチェックを入れるだけで、記述するのは気になる
点だけなので、記入しやすいでしょう。このシートの記入
が難しいようであれば、自立課題の問題点をしっかり把握
できていないといえます。

　評価は、できる：○、芽生え反応（p15）：△、できない：
×の3段階で行います。次に設定する目標は、「芽生え反
応の△を○にできるような自立課題を練習する」とするよ
うな使い方ができます。

　本人が提供した自立課題を難なく完成できた場合でも、
「どれくらいの時間でできたか」「難しかったところはな
いか」「本人の達成感は?」「つらそうに取り組んでいな
かったか」なども調べ、ふりかえりましょう。

　提供した自立課題がうまくできなかった場合もあるはず
です。支援者は本人の特性に応じて提供しているつもり

［表3］ 自立課題評価シート

利用者名：		記入者名：	記入年月日：

自立課題領域	できる：○　芽生え反応：△　できない：×		必要な配慮
	スキル	備考	
①マッチング ②分類 ③学習	☐ひらがな ☐カタカナ ☐漢字 ☐アルファベット ☐数字 ☐時計（デジタル・アナログ） ☐お金 ☐計算 ☐色 ☐形 ☐イラスト ☐キャラクター ☐シンボル ☐写真 ☐実物 ☐その他		
④組み立て ⑤分解 ⑥微細運動 ⑦パッケージング	☐道具（ドライバー・ハサミ等） ☐かぶせる ☐ねじる ☐押し込む ☐穴に挿す ☐はがす ☐めくる ☐つまむ ☐引っ張る ☐抜き取る ☐引っかける ☐スライドさせる ☐クリップ（ゼムクリップ・ダブルクリップ） ☐テープを貼る ☐のりをつける ☐スタンプを押す ☐その他		
⑧プットイン	☐穴に入れる ☐その他		
⑨社会生活力 ⑩遊び	☐家事スキル ☐余暇スキル ☐その他		
⑪粗大運動	☐両手で持つ ☐バンザイ ☐投げる ☐歩く ☐背伸びする ☐重い物を持つ ☐その他		
素材の扱い・経験	☐紙 ☐金属 ☐木材 ☐プラスチック ☐ガラス ☐繊維（糸・毛） ☐ビニール ☐面ファスナー ☐マグネット ☐ゴム ☐スポンジ ☐粘土・紙粘土 ☐その他		

で、本人が一人で完成できる設計になっているはずなのに、現実にはできなかったという結果もあり得ます。その場合は、原因の解明だけでなく、その原因に応じた自立課題の再構造化をする必要があります。自立課題は視覚的構造化の集合体のはずなのに、本人にうまく伝わっていない可能性があるということです。その場合は、第1章で述べた「視覚的構造化の3要素」（P20）を見直し、視覚的構造化をより強く意識して、再構造化します。

一方、原因が「疲れていた」「気が散った」「量が多すぎて嫌になった」などの場合は、構造化評価シート[表2]を使って、環境の構造化（スケジュール、物理的構造化、ワークシステム）を見直してみましょう。現状の環境の構造化が本当に適しているか再検討し、別の構造化の方法で再び取り組むと、できるようになる可能性があります。

こうした再構造化により、できなかったことができることに変わり、本人も自信をもって活動に取り組むことができるようになります。

5 ｜ 受託作業を 自立課題にアレンジ

成人の事業所では、実際に工場などから受託している作業の活動時間がある場合もあるでしょう。自立課題での活動に慣れてくると、実際の受託作業も自立課題のようにして提供できる可能性が出てきます。受託作業の時間は、事業所にとってはとても大事な時間ですが、できない人にとっては、その時間はとても苦痛なもの。手が進まなくて座っているだけ……というような人もいるかもしれません。

そんな人には、「受託作業の自立課題化」を考えてみてください。全ての工程を自立課題化できるわけではなくても、一部分でも受託作業がスムーズにできるようになれば、かかわる時間ができるかもしれません。私の所属する事業所でも、いくつかの受託作業を自立課題化して提供しています。

【写真14】材料を5個つなげる

【写真15】シートジグ

<事例>

【写真14】ある受託作業を自立課題化したものです。受託している作業は「材料を5個つなげる」というものです。5という数を数えられなければ完成に至らないので、数を数えられない人はできません。

　そこで、【写真14】のように、左側の材料を、真ん中の5個穴が空いているジグ（完成させるための補助具）にプットインしていきます。その後に、挿した5個の材料をつなげれば、数を数えられなくても完成させることができるのです。このように、受託作業の何が難しいかを把握して、その点を補うような自立課題にすることで、完成させることができ、本人は受託作業に参加できるのです。

【写真15】同様に、ある受託作業を自立課題にしたものです。この受託作業は、材料を48個数えて袋に入れるというものです。これも、数えられない人はできない受託作業です。しかし、左側の材料を、右のマスが書かれた「シートジグ」にのせていけば、自分で48まで数えなくても、48個を袋に入れることができます。

用語索引

あ行

相性の問題	143
アセスメント	8, 10
一対一活動	13
一対一対応	19, 129
オーダーメード	8, 22

か行

家事スキル	19, 56, 86, 99
カットアウト	40, 42, 53
活動の構造化	137
活動場所	137, 139, 143
カラーボックス	137, 140, 142
感覚刺激の偏り	12
環境整備	10
強度行動障害	10, 11, 14
ケース	24
構造化	8, 10, 13, 15, 16, 18, 20, 22, 134, 135, 137, 146
構造化された環境	10, 20, 134, 139, 143
構造化評価シート	135, 136, 137, 146
合理的配慮	9
梱包用OPPテープ	24

さ行

再構造化	21, 22, 144, 146
ジェネラリストモデル	10
支援体制	10, 143
視覚的構造化	20, 22, 146
視覚的指示	21, 22
視覚的組織化	21, 24

視覚的明瞭化	21, 24
時間の構造化	135
自閉症特性シート	16, 17, 22
シューボックスタスク	18, 24, 139
受託作業の自立課題化	146
障害者差別解消法	9
情報量	134
職業スキル	13
自立	9, 11
自立課題のカテゴリー	18
自立課題評価シート	18, 144
人材育成プログラム	10
スケジュール	10, 20, 135, 137, 140, 141, 142
粗大運動	19

た行

チームアプローチ	10, 16
TEACCH（プログラム）	8, 10, 11, 13, 15, 20
TEACCH（プログラム）の9つの理念	8
電動ドリル	24, 26, 37
動線	10, 143
トレイ	18, 24

な行

慣れ親しんでいるものを好む	13
日課・プログラム	10, 144

は行

始まりと終わり	11
パッケージング	19, 84

パンチボード	36, 75, 124
微細運動	19
ファイリングタスク	18, 24, 44, 116, 126, 139
フィニッシュボックス	138, 140, 143
プットイン	19, 139
物理的構造化	20, 135, 137, 139, 141
分類	19

ま行

マッチング	19
ミスアクション	23
三つ組み特性	15
芽生え反応	15, 139, 144
面ファスナー	24

や行

余暇（活動）	12, 20
余暇メニュー	13

ら行

ラミネーター	24
ラミネートシート	24
リフレーミング	15
ルーティーン	15, 20, 143

わ行

ワークシステム	20, 137, 140, 141, 142, 146

第2章 自立課題のねらい別索引

ねらい	ページ
細かな動きができる（微細運動）	26, 28, 34, 35, 36, 62, 65, 66, 80, 82, 95, 97, 98
大きな動きができる（粗大運動）	30, 31
固有の興味関心を活かす	32, 38, 75, 78, 88, 91, 104, 106, 108, 109, 111, 113, 123, 124, 126, 128, 129
感覚刺激を満たす	30, 31, 62, 83, 108
（自立課題をするために）机に座っていることに慣れる	26, 32, 34, 52, 65, 69, 72, 96, 100, 101, 108
空間認識を深める	37, 40, 42, 43, 46, 53, 55, 60, 62, 64, 66, 67, 70, 71, 73, 82, 95, 97, 102, 112, 119
文字の認識を深める	43, 50, 51, 56, 58, 59, 81, 88, 91, 93, 120, 122, 126, 128, 129, 131, 132
数字の認識を深める	43, 73, 88, 92, 104, 114, 116, 118, 121, 125, 127, 130
色の認識を深める	36, 37, 38, 46, 47, 49, 50, 52, 57, 62, 72, 74, 76, 95, 109
形・模様の認識を深める	32, 42, 43, 44, 45, 48, 53, 54, 70, 75, 78, 84, 85, 94, 104, 106, 107, 110, 111, 112, 113, 119, 123, 124
作業性（巧緻性、集中力、繰り返し動作の安定性など）を高める	26, 28, 35, 68, 74, 77, 79, 80, 82, 83, 85, 111, 114
不慣れな物の扱いに慣れる	30, 33, 55, 60, 62, 68, 69, 75, 76, 77, 79, 80, 85, 86, 91, 99, 111
不慣れな素材の扱いに慣れる	36, 49, 57, 72, 73, 81, 95, 97, 102, 114, 120, 121, 125, 127, 128, 129
余暇に応用できる	32, 75, 78, 88, 91, 93, 102, 104, 106, 107, 108, 109, 110, 111, 112, 113, 116, 120, 123, 124, 126, 129, 130, 131, 132
家事に応用できる	56, 77, 78, 82, 84, 86, 88, 92, 93, 94, 96, 98, 99, 100, 101, 114, 119, 122
支援者が製作を始めやすい	34, 47, 50, 52, 56, 57, 60, 68, 69, 72, 74, 76, 77, 82, 83, 84, 85, 86, 93, 94, 100, 101, 111, 114, 119, 125, 127, 129
材料を入手しやすい	34, 47, 52, 55, 56, 57, 60, 62, 64, 67, 69, 70, 71, 72, 73, 74, 77, 84, 85, 86, 93, 94, 102, 106, 111, 119, 127, 129
バリエーションを増やしやすい	26, 30, 32, 38, 43, 44, 48, 51, 53, 54, 58, 59, 84, 88, 90, 91, 94, 102, 104, 107, 110, 113, 119, 120, 126, 128, 129, 131

[監修者]

諏訪利明　すわ・としあき

川崎医療福祉大学　医療福祉学部医療福祉学科　准教授

1984年上智大学文学部心理学科卒業、1986年同大学大学院博士前期課程教育学専攻心理コース修了。社会福祉法人県央福祉会県央療育センター、同法人海老名市立わかば学園園長と明治大学非常勤講師を兼務し、2011年より川崎医療福祉大学非常勤講師に着任。翌年より現職。

TEACCH公認上級コンサルタント、公認心理師。日本臨床心理学会、日本特殊教育学会、日本自閉症スペクトラム学会会員。

障がいをもつ子どもたちの療育、その家族との相談の業務に長年携わる。現在は大学生たちの指導にあたりつつ、広く障がい理解の啓発を行っている。

[著者]

林 大輔　はやし・だいすけ

社会福祉法人大府福祉会　たくと大府　施設長

1998年同朋大学社会福祉学部卒業。同年社会福祉法人大府福祉会に入職、同法人あけび苑に着任。サービス管理責任者勤務を経て、2016年より同法人たくと大府副施設長、2017年より現職。

TEACCHプログラム研究会愛知支部代表。

自閉症・行動障がいをもつ方々を支援する現場の最前線で日々実践に携わる。現在までに製作した自立課題の数は200点以上。

［制作］

企画・編集・制作―― 編集工房まる株式会社　西村舞由子
デザイン・DTP――― キガミッツ　森田恭行、高木瑶子
写真撮影――――― 有限会社アートランダム　箕浦敬浩
撮影協力――――― たくと大府　杉本 静

TEACCHプログラムに基づく
自閉症児・者のための自立課題アイデア集
身近な材料を活かす95例

2019年　3月25日　発行
2020年　4月20日　初版第5刷発行

監修者―――――諏訪利明
著者―――――――林 大輔
発行者――――――荘村明彦
発行所――――――中央法規出版株式会社
　　　　　　　　　　〒110-0016　東京都台東区台東3-29-1　中央法規ビル
営業―――――――Tel 03（3834）5817　Fax 03（3837）8037
取次・書店担当―Tel 03（3834）5815　Fax 03（3837）8035
　　　　　　　　　　https://www.chuohoki.co.jp/
印刷・製本――――株式会社ルナテック

定価はカバーに表示してあります。
ISBN978-4-8058-5837-0

本書のコピー、スキャン、デジタル化等の無断複製は、著作権法上での例外を除き禁
じられています。また、本書を代行業者等の第三者に依頼してコピー、スキャン、デジ
タル化することは、たとえ個人や家庭内での利用であっても著作権法違反です。
落丁本・乱丁本はお取替えいたします。

本書へのご質問について
本書の内容に関する質問については、下記URLから「お問い合わせフォーム」に
ご入力いただきますようお願いいたします。
https://www.chuohoki.co.jp/contact/